国家最高科学技术奖获得者书系

科技是国家强盛之基
创新是民族进步之魂

国家最高科学技术奖
获得者书系

王忠诚的故事

刘标玖 ◎ 著

时代出版传媒股份有限公司
安徽少年儿童出版社

图书在版编目（CIP）数据

王忠诚的故事 / 刘标玖著. — 合肥：安徽少年儿童出版社，2015.3
（2019.1重印）
（国家最高科学技术奖获得者书系）
ISBN 978-7-5397-7432-9

Ⅰ.①王… Ⅱ.①刘… Ⅲ.①王忠诚（1925～2012）-生平事迹-青少年读物 Ⅳ.①K826.2-49

中国版本图书馆CIP数据核字（2014）第255516号

GUOJIA ZUI GAO KEXUE JISHU JIANG HUODEZHE SHUXI WANG ZHONGCHENG DE GUSHI

国家最高科学技术奖获得者书系·王忠诚的故事　　　　刘标玖 著

出 版 人：张克文	策　　划：何正国　阮　征	责任编辑：李　琳
责任校对：江　伟	装帧设计：潘　易	责任印制：田　航

出版发行：时代出版传媒股份有限公司　　http://www.press-mart.com
　　　　　安徽少年儿童出版社　　E-mail：ahse1984@163.com
　　　　　新浪官方微博：http://weibo.com/ahsecbs
　　　　　腾讯官方微博：http://t.qq.com/anhuishaonianer（QQ:2202426653）
（安徽省合肥市翡翠路1118号出版传媒广场　　邮政编码：230071）
　　　　　市场营销部电话：(0551)63533532(办公室)　63533524(传真)
　　　　　（如发现印装质量问题，影响阅读，请与本社市场营销部联系调换）

印　　刷：阳谷毕升印务有限公司
开　　本：635mm×900mm　1/16　印张：12.25　插页：4　字数：128千
版　　次：2015年3月第1版　2019年1月第2次印刷

ISBN 978-7-5397-7432-9　　　　　　　　　　　　　　　定价：30.50元

版权所有，侵权必究

★ 国家最高科学技术奖 ★

国家最高科学技术奖于2000年设立,是中国科技界的最高荣誉。国家最高科学技术奖授予在当代科学技术前沿取得重大突破或者在科学技术发展中卓有建树,在科学技术创新、科学技术成果转化和高技术产业化中创造巨大经济效益或社会效益的科学技术工作者。

国家设立国家最高科学技术奖奖励委员会,聘请有关方面的专家、学者组成评审委员会,负责国家最高科学技术奖的评审工作。每年获得国家最高科学技术奖的科学技术工作者不超过两名。

国家最高科学技术奖报请国家主席签署并颁发证书和奖金。奖金数额由国务院规定,为500万元。其中450万元由获奖者自主开发选题,用作科研经费;其余50万元归获奖者个人所得。

历届国家最高科学技术奖获奖名单

2000 年　吴文俊：数学家，中国科学院院士、第三世界科学院院士
　　　　袁隆平：杂交水稻育种专家，中国工程院院士

2001 年　王选：汉字激光照排系统创始人，中国科学院院士（学部委员）、中国工程院院士、第三世界科学院院士
　　　　黄昆：物理学家，中国科学院院士（学部委员）、第三世界科学院院士

2002 年　金怡濂：高性能计算机领域的专家，中国工程院院士

2003 年　刘东生：地质学家，中国科学院院士、第三世界科学院院士
　　　　王永志：航天技术专家，中国工程院院士

2005 年　叶笃正：气象学家，中国科学院院士
　　　　吴孟超：肝脏外科专家，中国科学院院士

2006 年　李振声：遗传学家，中国科学院院士（学部委员）、第三世界科学院院士

2007 年　闵恩泽：石油化工催化剂专家，中国科学院院士（学部委员）、中国工程院院士、第三世界科学院院士
　　　　吴征镒：植物学家，中国科学院院士（学部委员）

2008 年　王忠诚：神经外科专家，中国工程院院士
　　　　徐光宪：化学家，中国科学院院士（学部委员）

2009 年　谷超豪：数学家，中国科学院院士（学部委员）
　　　　孙家栋：运载火箭与卫星技术专家，中国科学院院士

2010 年　师昌绪：材料科学家，中国科学院院士、中国工程院院士、第三世界科学院院士
　　　　王振义：血液学专家，中国工程院院士

2011 年　吴良镛：建筑与城乡规划学家，中国科学院院士（学部委员）、中国工程院院士
　　　　谢家麟：加速器物理学家，中国科学院院士（学部委员）

2012 年　郑哲敏：力学家、爆炸力学专家，中国科学院院士、中国工程院院士
　　　　王小谟：雷达工程专家，中国工程院院士

2013 年　张存浩：物理化学家，中国科学院院士（学部委员）、第三世界科学院院士
　　　　程开甲：核武器技术专家，中国科学院院士（学部委员）

2014 年　于敏：核物理学家，中国科学院院士（学部委员）

Contents 目录

第一章	少小时光	1
第二章	坎坷求学路	12
第三章	硝烟中的抉择	29
第四章	艰难起步	43
第五章	十年磨一刀	72
第六章	为了学科的发展	84
第七章	走向世界的脚步	113
第八章	着眼未来	150
第九章	忠诚之歌	171
后记		189

第一章

少小时光

1925年12月20日,农历乙丑年十一月初五,山东烟台福山县(今福山区门楼镇)诸留村的王家诞生了一个普通的孩子,这就是后来大名鼎鼎的神经外科专家王忠诚。

之所以说他普通,一是,他的祖父王堃和父亲王香山都是普通的贫苦农民;二是,他出生时父母已经有了五个孩子,而且是二男三女,所以他在家庭成员中也没有特别之处。

作为老六,父母并没有给他更多的优待,倒是他的三个姐姐和两个哥哥同情"弱小",给了他不少关心和爱护。后来,父母又给他生了两个弟弟和一个妹妹,他就更没有"优势"可言了。

当时的中国,军阀割据,连年混战,给人民带来了深重的苦难。当时的烟台,社会动荡,连年灾荒,民不聊生。王忠诚所在的诸留村虽然没有经历战火的肆虐,贫穷落后却像影子一样始终笼罩着村子,使幼小的王忠诚饱尝了饥寒交迫的滋味。

王忠诚出生后的第二年,也就是1926年,中国发生了一件大事——北伐战争。当时,北洋

20世纪20年代的烟台

军阀统治着国家,"吴佩孚得英帝国主义者之助,死灰复燃,竟欲效袁贼世凯之故智,大举外债,用以摧残国民独立自由之运动"。国民政府为了推翻北洋政府,以国民革命军为主力,发动了北伐战争,并取得了胜利。烟台作为军阀吴佩孚的老家,自然也经受了战争的洗礼。北伐军行至山东时,日本还一度出兵山东,暗助军阀张宗昌,杀害交涉员蔡公时,使山东一度处于风口浪尖。

当然,这一切对童年时的王忠诚来说,并没有太多的实际意义,但间接导致的更加贫穷,却给他留下了很深的印象。他在一次接受采访时曾说:"对我而言,'贫穷'就是童年的代名词。为了生计,父母什么都做,不仅种地,还在街头摆小摊……那时的生活实在是太难了。"

每当青黄不接,王忠诚家便没有了粮食,只能以糠菜充饥,小忠诚很小就尝到了草根、树皮的味道,也过早地体验到了挨饿的滋味。"糠菜半年粮"可以说是他家的真实写照,只有到了过年,才可以吃点好的。也正因此,王忠诚后来回忆起童年,总会说起过年。

"印象最深的是包饺子、吃饺子,觉得饺子再好吃不过了。一家人围坐在一起包饺子,妈妈总是把几枚硬币洗净,放在饺子里。如果谁吃上有硬币的饺子,就预示着来年运气好。当热气腾腾的饺子端上桌时,不分长幼,大家都急切地找包着硬币的饺子。由于经济条件所限,当时没有多少好吃的,父母也就是买点糖果,还要等祭祀完了,孩子才能吃。"

除了吃,王忠诚最怀念的,还有故乡的雪。他觉得,烟台的雪景是最美的风景,一直到晚年,他都这么认为。虽然离开烟台几十年了,但他仍眷恋着那里的雪,总想找机会回去看一看。2006年冬天,听说烟台下大雪了,他便念叨着回去看看。于是,这年的最后一天,在老伴和学生的陪同下,他专程飞回烟台看雪。雪中的烟台银装素裹,分外妖娆,他们一路走一路看,几乎走遍了烟台的大街小巷。

站在现实中的雪景里,王忠诚似乎回到了从前。他回忆起儿时下雪的场景:"当时胶东的雪很大,尤其到了年关,大雪往往会没到膝盖。让孩子们最开心的是在一起滚雪球、堆雪人、打雪仗,这时候即使把新衣服玩脏了、弄坏了,也不会挨大人的骂。"谈起不挨骂的原因,他解释说:"胶东过年有许多老讲究——一是,过年时忌讳发火吵架,孩子犯再大的错,家长一般也不会生气;二是,胶东当年大多风调雨顺,赶上过年下雪,大家相信'瑞雪兆丰年',认为下大雪是很吉祥的,来年一定会有好收成,所以心情很好,对孩子自然就很宽容。这可能也是父母对孩子表达爱意的一种方式。"

透过王忠诚的这些回忆片断,我们依稀可以看到童年王忠诚的顽皮、率真和聪颖。

1931年,小忠诚6岁了,已经长成了一个活泼可爱的小男孩。有一次,父亲带着他进城,这让他大开了眼界。大街上有很多卖东西的,其中有很多是好吃的,有的他连见都没见过。走到一个卖点心的摊位前,他闻到了点心的香味,看到有人买,便拉父亲的衣襟。

父亲说:"这东西很贵的,咱们买不起。"

"为什么人家都买得起呢?"

"人家是城里人,有钱。"

"为什么城里人有钱呢?"

"城里人有工作、有工资。"

"他们为什么有工作、有工资呢?"

"他们上过学,有文化。"

小忠诚并不太理解父亲的解释,但他记住了一点:上过学才有文化,有了文化才有工作、才有钱,才可以买好吃的。

于是,小忠诚说出了一句让父亲吃惊的话:"我也要上学。"

"上学?"父亲惊愕。

父亲没上过学,哥哥们也没上学,村里人多数都没上过学,小忠诚提出这个想法,不能不让父亲吃惊。

"我们是农民,种好地,有粮食吃就行了,用不着那么多文化。"

"我不要种地。我要学文化,找工作,有了工资可以买好东西吃。"小忠诚天真地说。

小忠诚当时并没有想太多,他要上学的想法仅仅是想改善一下生活条件,至于后来的雄心壮志,那应该是读了很多书以后才产生的。

父亲当时认为小忠诚只是小孩子信口说说，并没有太在意，只是笑了笑，没有给他答复。

回到家，父亲几乎把这事忘记了，小忠诚却又再次提起。这次，父亲才知道，儿子是认真的。父亲也认真思考了儿子的要求，但觉得这个要求不太靠谱。他仍然认为，"学校不是穷人能上的，读书对种地没什么好处"。最后，他果断地拒绝了儿子："不行！"

"我想上学，我要上学！呜呜——"小忠诚哭起来。

"我们这里没有学校，你怎么上学呀？"母亲虽然心疼儿子，但还是附和着父亲。

"城里有。咱们村里也有在城里上学的。"小忠诚边哭边闹。

父亲"哼"了一声，转身去地里干活了，不再理他。

小忠诚哭了一会儿，看没人理他，只好抹抹眼泪，找小伙伴们玩去了。

如今，我们来回看童年王忠诚渴望读书却没有得到父母支持的情况，可能会为小忠诚抱不平。但是，他的父母都是文盲，头脑里并没有让孩子读书的概念，而且当时的教育资源严重缺乏，穷人的孩子很难找到读书的地方，他们不支持儿子应该是情有可原。

盛夏来临，天渐渐热起来，小忠诚头脑里要上学的想法也渐渐发酵，越来越强烈。村里又有孩子要去城里上学了，羡慕之余，他再一次央求父母。

父亲还是不同意，他便哭着闹着坚持要去。母亲心软，这次"倒戈"支持了儿子，于是事情有了转机。

在母亲的劝说下，父亲终于同意了。母亲给小忠诚缝了个新书包,父亲把他送到了位于望海街的一所名叫"养隽"的学校。

在王忠诚的履历里,清楚地写着"1931年在烟台养隽小学学习",但笔者找了许多资料,也没找到这所学校,倒是找到了一所名叫"养隽中学"的。这所学校是一所包括从小学到高中的正规学校,或许王忠诚履历里填的,便是这所学校里的小学。

这所学校当时在烟台非常有名,尤其是体育活动很有特色,主要以武术为主。校长陈成九聘请了著名的螳螂拳大师林景山来校任教,使不少学生成为了著名的螳螂拳高手。除了林景山,学校其他老师也都认真执教、严格要求,学生们进步很快,德、智、体等各方面都有了很大提高。

王忠诚在养隽一直上到小学毕业,由于天资聪颖、勤奋好学,成绩很不错。1937年夏天,他以优异的成绩考入了烟台当时著名的中学——志孚中学,也就是烟台一中的前身。

说起志孚中学,必须说到一个烟台当年的著名人物、有着

烟台志孚中学旧貌

"胶东王"之称的刘珍年。

刘珍年是一个军阀,历史功过自有评说,但作为国民革命军二十一师师长驻守烟台期间,他还是做了一些好事,施了一些"善政"。他让部队义务助农,进行市政建设,修路、疏河都取得了不小的成绩。其中,最让人称道的,应该是他注重兴办教育,一手创办了芝罘中学,也就是后来的志孚中学。

1931年夏天,刘珍年组织烟台绅商及军政权要刘德纯、吴敬之、崔葆生、马少虞等集议,决定成立校董会,刘珍年自任董事长,聘请北京高等师范学院专科毕业的庄子毅任校长。9月28日,学校正式开学,定名为"烟台私立芝罘中学",提出了"教育救国"的口号。

1933年10月,学校报省教育厅备案,但国民政府有规定,私立学校不得用地名命名,学校只能改名。经校董会决定,取"芝罘"之谐音,把校名改为"烟台私立志孚中学"。当时的志孚中学办学正规,治教严谨,有校旗、校徽、校训(公、诚、勤、毅)、校歌和严格的规章制度,教职员都是水平高且有丰富教学经验的大学毕业生,很多是北京高等师范学院和北京大学的高才生。因此,学校的管理水平、师资力量、教学质量以及学生素质在烟台市所有中学里都居于首位。

1934年,进步教师刘宪曾指导学生李丙令、孙德争等成立了学生的进步组织——读书会。他们读进步书籍,提高思想觉悟,培养社会活动能力;开展文体活动,唱抗日救亡歌曲,宣传进步思想和抗日主张;办进步文学副刊,团结和影响广大学生。参加读书会的学生都是各班学习成绩最好的,这些学生都成为全市青年运动的排头兵。1935年,北平爆发"一二·九"学生运动后,李丙令率读书会成员,在志孚中学南面山坡密林中,秘密成立了"民先队胶东地方队部"。学校因此成为全市学生爱国运动的策源地之一。

王忠诚考入志孚中学时,正是"七七事变"刚发生不久,读书会的很多成员都离开学校去了延安,投入到了抗日第一线。王忠诚虽然没能和那些进步学生密切接触,但学校的文化氛围给了他良好的熏陶。多年以后,他还对学校的校歌记忆犹新——

> 海滨上,
> 划出旷地一坪;
> 林木青葱,
> 映掩着高楼几栋。
> 看白鸥翩翔,
> 波涛汹涌,
> 郁郁芝罘,
> 泱泱海风。
> 在这样的环境中,
> 让我们来——
> 锻炼身心,
> 舒陶性情,
> 朝研夕讨,
> 乐融融。
> 莫忘却建设国家,
> 改善人生,

全要赖学术的功用。
快快地趁着青春年少，
勤勤恳恳地播种！

在这种激人奋进的旋律中，12岁的王忠诚开始了中学的学业。他是初十级的学生，同级的还有后来成为我国运动医学奠基人的曲绵域、著名电影剧作家海默等。

在志孚中学，王忠诚度过了半年多的好时光。尽管那时中国军队在全面抗战的战场上屡战屡败，但学校的老师们还是保持了镇定和从容，继续着教书育人的伟大实践。

好景不长，学校放寒假时，日本军队已经占领了青岛，并对烟台虎视眈眈。大年初三，日军侵占了福山县城，次日又占领了烟台。

寒假开学后，烟台已经沦为敌占区，志孚中学也在风雨飘摇中面临着选择。校长庄子毅不愿做亡国奴，带领部分师生去了大后方；不过大多数师生还是选择了留下，继续在敌人眼皮底下教书、读书。

在这种环境下工作和学习，老师和学生的心情都很沉重，但学校最初提出的"教育救国"的口号，却一直深深植根在大家的心里。老师拼命地教，学生勤奋地学，大家都用自己的方式和敌人斗争。王忠诚也一样，在初中的前两年里，他克服了生活上的种种困难，全身心地投入到学习中，取得了优异的成绩。

可是，进入初三之后，学校的情况发生了重大变化。1940年2月，日伪政权接管了志孚中学并将其改名为"烟台市立中学"；随后又采取措施，对学校进行所谓的"恢复"和"整顿"。学校领

王忠诚(第二排左四)在烟台志孚中学读书时与同学合影

导和很多老师被替换,教学内容也发生了很大变化——日伪政权通过各种方式灌输"复古""反共"等奴化和反动教育,表面上倡导"德治教育,以发扬东方固有之文化道德,养成思想纯洁知识健全之新民",实质上是通过灌输传统的忠孝伦理来培养顺民。

为抗议日伪政权在学校实行的军事统治和奴性教育,学校的很多学生选择了逃离。15岁的王忠诚也和几个同学一起,愤然离校。

可是,离开了志孚中学,王忠诚能去哪里呢?

王忠诚选择了去北平,去那里的汇文中学继续读书。

当时,很多人都去了大后方的国统区,王忠诚为什么选择了北平的汇文中学呢?个中原因王忠诚没有说过,但笔者认为,可能是学校之间固有的关系在起作用。

志孚中学的领导和老师大多来自北平,使学校与北平有着千丝万缕的联系;志孚中学和汇文中学同是私立学校,可能也保持着较密切的联系。不仅是王忠诚,志孚中学的很多学生后来都转到汇文中学,也可以说明这个问题。再者,汇文中学虽然在敌占区,但因为是教会学校,又有美国背景,所以并不受日伪控制。

不管出于什么原因,王忠诚最终选择了汇文中学,准备离开烟台,远赴北平读书。汇文中学是私立学校,学费比较高,父母四处借钱,终于给他凑齐了学费,送他踏上了北去的求学之路。

第二章

坎坷求学路

1940年初秋,年仅15岁的王忠诚背着简单的行囊,走进了位于北平崇文门内船板胡同东首的京师私立汇文中学的校门。

这时的汇文中学,已经走过了69年的风雨历程,是北平乃至全国建校历史最长、设施最好、人文底蕴最深的中学之一。虽然北平也处在沦陷区,但由于汇文中学系美国教会所办,日伪政权没能插手管辖。只是当时形势恶劣,经费困难,在校的学生很多去了大后方,学校的境况大不如前。校长高凤山先生拒绝与日伪政权合作,为解决经费问题,年初已经前往美国募集资金,学校事务暂时由邱文明牧师协同李义信教导主任共同主持。

走进绿树成荫的校园,少年王忠诚用好奇的眼光观察着这所名校,不禁被它的规模、面貌、气势所震撼。

20世纪40年代汇文中学校园全景

王忠诚边走边看,心里既激动又兴奋,暗自庆幸选对了地方。他找到了报到处,在那里报了到,又根据安排缴了学费,住进了宿舍,正式成为这所名校的高一新生。

很快,学校便安排新生开始上课了。第一堂课,老师给同学们讲了汇文中学的历史、校训、校歌等内容,让王忠诚大开眼界,也从心里更爱这所学校。

汇文中学始建于1871年(清同治十年),前身是美国基督教会"美以美会"附设的"蒙学馆",后来先后改名为"汇文书院""汇文大学校""京师私立汇文中学"。学校以"智、仁、勇"为校训,1929年蔡元培先生以《中庸》原句"好学近乎智,力行近乎仁,知耻近乎勇"题释之,并以此书赠学校。学校提倡全面发展的"全人教育",它的校训和办学宗旨,包括了德育、智育、体育、美育等多方面的内容,对一个学生成长为"全人",有着重要的引导和指导作用。现在讲的素质教育,大概与此有异曲同工之处。

在这种良好的氛围中,汇文的老师和学生都很认真,都很努力。王忠诚作为贫困农家的孩子,更是珍惜这来之不易的机会,发愤苦读。

每天早晨,当别的同学还在梦乡里,王忠诚便走出宿舍,在校园里读书背书了。夜晚,他总是在自习室里温习功课,也总是最后离开自习室。

王忠诚学习十分刻苦,仿佛有一股使不完的劲,然而,他在生活上却很艰苦。当时,汇文中学的学费算是比较高的,他父母给他东借西凑筹集的钱,交完学费就已所剩无几,而且家里也不可能在短时间内再筹到钱。于是,他只得跟自己的肚子"斗争",每顿饭只吃窝窝头和咸菜,勉强度日。后来,作为沦陷区的北平,物资越来越匮乏,物价上涨得特别厉害,穷苦的王忠诚连窝窝头也不敢多买,他总是和饥饿相伴。

15岁的王忠诚正是长身体的时候,长期的营养不良让他越来越瘦,还患上了严重的胃病。这样的生活境况,实在是没法读书,但他努力坚持着。他不想放弃任何学习的机会,只是不知道还能坚持多久。

1940年冬末的一天,王忠诚破例吃了一顿饱饭,为的是应对即将开始的期末考试。

当时,汇文中学的考试制度非常严格,分平时考、月考、学期考、补考、特考及入学考试6种,采用"比较计分法"评成绩:E为最优等,G为优等,M为中等,P为及格,C为不及格,F为劣等,X为未赴考,CH为考试欺骗。各学科成绩F等、两学期俱列C等、补考仍为C等而这一学年又未补齐的学生,则必须复读。

汇文中学严格的考试制度,使学生的考试成绩被国内的很多大学所认可。高中毕业生学业及操行成绩在中等以上者,可由学校申请燕京、齐鲁、东吴三所大学直接收录,不用考试。但从另一个侧面来说,这种严格的考试制度也导致了很高的淘汰率,很多学生在汇文是毕不了业的。

在平时考和月考中,王忠诚都取得了很好的成绩,学期的期末考试是最重要的,他当然要全力以赴。

考试结果出来了,王忠诚取得了 G 等的好成绩,在班里也是名列前茅。渐渐地,王忠诚引起了老师乃至学校领导的注意。大家注意到,这个刻苦学习的优等生,竟然经常吃不饱饭。于是,大家纷纷伸出援助之手,使他能够继续读书。

一个学期结束了,又一个学期结束了,王忠诚坚持着,父母也一直坚持给他寄钱。为了节省路费,假期他没有回家,而是留在北平打点零工,挣一点钱补贴生活费。

1941 年,学校的情况发生了较大变化,从美国回来的校长高凤山又转赴重庆,从事救国运动,学校也渐渐被日伪政权控制。同年 12 月,太平洋战争爆发,日本对美国宣战。汇文中学作为美国在华的教会学校,也被日本人视为美国资产,遭到封闭和接管。

1942 年,汇文中学被日伪政权改名为"北平市立第九中学",有些老师和学生不甘忍受日本人的压迫,纷纷逃离。

这年的暑假,王忠诚依然没有回家,还是打工挣学费。然而,随着日本不断扩大战场,北平物资供应出现了危机,伪联银券猛烈贬值,物价大涨,粮食奇缺,老百姓日常的食物都变成了用玉米茎、豆饼、花生壳等磨成的"杂面"。王忠诚挣的一点钱,根本买不了几个杂面窝头,每天除了勉强填饱肚子,剩不下多少。

暑假开学，王忠诚升入高三，再有一年就可以毕业考大学了，他却遇到了空前的困难。暑假打工没挣到多少钱，他只能等家里寄，可是左等右等，一直等不来。

在焦急的等待中，王忠诚最终也没等到汇款，却等来了父亲的一封信。

早在汇文中学被日伪政权接管时，王忠诚便产生了离开学校的念头，但他手头拮据，一直没找到合适的机会。不久，学校的形势发生了一些变化，许多老师开始"关上门"讲课，这又让他改变了主意。

在白色恐怖统治下，汇文的老师们并没有按照日伪指定的书本授课，而是经常"关上门再说"。一有机会，老师就关上教室的门，脱离书本，向学生传播进步思想。老师经常给同学们讲，"历史的经验证明，任何异民族的入侵，都征服不了中国，这是一条规律"，让同学们树立必胜的信心。老师还说，"只要学好了文化知识，就有可能取得最终的胜利"，这和当时国统区号召的"教育救国"异曲同工。在老师们的引导下，王忠诚放弃了出走的想法，继续在这里读书学习。

在全校师生的共同努力下，学校的形势有所好转，但飞涨的物价和紧缺的粮食又给大家带来了严重的困扰。"屋漏偏逢连夜雨"，王忠诚暑假没挣到钱，家里也无力供养他读书了。

"今年生意不好做，地里收成又不好，家里很困难，乡亲们也都很困难，实在筹不到钱了……"看着父亲写来的信，王忠诚陷入了绝望。他知道，不到万不得已，父亲是不会写这封信的。如今写了，说明家里已经困难到极点。如此，说什么也不能再继续读书了，必须尽快回家帮父母干活，维持一家人的生计。

很快下定决心。王忠诚给校长写了一封信，提出了退学的申请。

这时，汇文中学的校长刚刚换成了著名的神学专家李荣芳博士。这位博士曾在美国留学，专攻旧约和希伯来语，获得持罗神学院神学博士学位，学成回国后加盟汇文大学神科，是燕京宗教学院最资深的中国教员。他很反感日伪政权的压迫，也很同情学校的老师和学生，但也只能委曲求全，默默地做一些有益的事。

李校长虽然对王忠诚尚不熟悉，但听过别的老师介绍，知道他是一个家庭困难的优等生，是个难得的人才，便不想放他走，表示尽量想办法帮他完成学业。

王忠诚在感激之余，还是拿出父亲写给他的信，走进了校长办公室。

"校长，您的好意我心领了，但我确实不能再上学了。"王忠诚说。

"你再有一年就毕业了，现在退学太可惜。"

王忠诚把父亲的信呈到校长面前："父母供我这么多年不容易，我想回家尽点孝心。"

李校长看完信，沉默了。

"现在学校也很艰难，还是让我退学吧。"

李校长考虑良久，最后点了头，但他希望王忠诚回去后坚持自学，一有机会就尽快回来完成学业。

现在看来，李校长同意王忠诚退学，大概也有难言的苦衷。当时，日伪机关给汇文教职员工每月配发半袋面粉，仅够他们勉强维持活命;而学生的粮食更是严重短缺,学校食堂经常无粮下锅。他作为一校之长,每月工资也不过200元,按当时的物价只能买100斤玉米面,养家糊口都有困难。再者,学校里像王忠诚一样困难的学生还有很多,他也没有什么办法帮助学生。

1942年秋,王忠诚告别了老师和同学,离开汇文,离开北平,辗转回到烟台。

1942年的烟台和北平一样,也处在日伪政权的统治下,自然也是物资奇缺、物价飞涨,普通民众都生活在水深火热之中。

王忠诚回到家,见到了一脸老态的父亲和生病的母亲,见到了面黄肌瘦的兄弟姐妹们,不由得百感交集。几年的求学生涯,亲人们为他付出了太多,他暗暗下定决心,这次回来,一定好好孝敬双亲,用自己学到的知识帮助家里摆脱困境。

在家住了几天,王忠诚便出去找工作了。当时,高中生算是文化程度比较高的,找个工作并不太难。很快,他找到了一份工作——在道恕街小学做教员。

道恕街原名道署街,曾是清政府登莱青道的道台衙门所在地。辛亥革命后,烟台成立了军政府,道台弃官逃走,这个衙门的房子闲置下来。后来,当地政府在这里办起了一所小学,取名"道署街小学"。再后来,道署街改名为道恕街,学校也随之改名为"道恕街小学"。一直到今天,这所小学还是烟台著名的小学之一。

当时,道恕街小学的师资力量是很薄弱的,王忠诚作为从北平回乡的高中生,一到学校便被委以重任——他被安排带六年级毕业班,而且还是一个人负责整个六年级的教学任务,工作量很大,难度很高。

王忠诚坦然接受了这一切,扑下身子投入到教学中。为了把课讲好,他总要加班加点备课,昏暗的油灯伴着他度过了无数个夜晚。由于准备充分,他总是充满信心和力量,把课讲得生动有趣、深入浅出,受到了学生的欢迎。

一个月下来,王忠诚的表现得到了学校领导的认可,他也如愿拿到了第一个月的工资。他回了一趟家,把钱全部交给了父亲,以改善全家的生活。但是,他也向父亲提出,下个月的工资,他要留一部分,为自己攒学费。父亲理解儿子,当然同意。

自此,王忠诚工作更卖力了。然而,在教学的过程中,他越来越觉得郁闷。因为,学校用的教材,也是日伪政府统一编印的教科书,里面充斥着奴化教育的内容。为了减少这些内容对学生的影响,他在备课、讲课时,尽量去伪存真,重点讲授传统文化和自然科学知识。他还借鉴汇文中学老师的经验,有时也"关起门再说",给学生灌输爱国知识。即便如此,他也经常产生辞职并回到汇文继续深造的念头,只是苦于没有学费,必须忍辱负重。

"在那段日子里,支撑我的信念只有一个,那就是攒钱复学。"王忠诚后来说。

作为小学老师,王忠诚的工资不算低,每个月,他把大部分工资交给父母,剩下的自己攒下来作学费。然而,现实却让他看不到希望,因为货币贬值的速度实在太快了。

王忠诚后来谈起当时的情况,感慨地说:"当时的工资是金圆券,上午领了就得赶紧去买米买面,否则下午就可能贬值。"

这样一来,王忠诚积攒一个月的钱,到下个月就贬掉了一大半,如此循环往复,想攒够复学的钱,谈何容易。

转眼之间,王忠诚在道恕街小学已经工作了一年,可返校读书的钱还没攒够。他很着急,便抱着试试看的想法给学校写了一封信,寻求帮助。

一个多月过去了,王忠诚没有收到回信,他只得继续教书,慢慢地攒钱。

王忠诚不知道,这时汇文中学的领导班子又发生了变化,李荣芳博士因不堪忍受日伪政权的迫害,辞去了校长职务,日伪政府指派一个叫蒯超的人担任校长。

蒯校长刚到学校不久,看到一个远在千里之外的学生写来了求助的信,便生了同情之心,以校长的名义给王忠诚回了信,答应免费让他续学一年。

此时,已经是1943年的冬天,烟台刚下了一场雪,整个城市一片洁静。这天,王忠诚刚刚下课,便收到了北平的来信。他兴奋地拆开,一口气读完,热泪夺眶而出。

信不长,但在王忠诚看来,却是字字千金。免费读书,这也许是他当时最大的心愿了,这封来信不能不让他激动万分。

如今,这封信的详细内容已无从知晓,这封信的出处也有争议,但不管怎么说,它在王忠诚的生命中起到了重要的作用,使他有机会完成高中学业,进而读大学。即使说这封信改变了王忠诚的一生,大概也不为过。

手捧这封重要的信,王忠诚一遍遍地读,激动又兴奋。他当天就辞了职,一口气跑回家,把这个好消息告诉了父亲。

父亲知道他的想法,当然同意他回北平。

王忠诚一分钟也不想耽误,连夜收拾行装。收拾完后,他又与父母聊天话别,几乎彻夜未眠。

第二天一早，王忠诚背起简单的行囊，告别了父母和兄弟姐妹，又一次踏上了远赴北平的征途。

冬去春来，转眼又到了夏天。

这是1944年的夏天，北平的上空弥漫着紧张的气氛。先是听说顺义李各庄、别庄等多地交通被破坏，大量电杆、电线被拆毁；后又听说北郊的景陵日伪据点被攻克，南郊的日伪铁路被破坏；紧接着又听说欧洲战场上盟军在诺曼底登陆，开辟了第二战场……这些，都是汇文的老师"关上门"讲课的内容，都是令日伪军紧张的因素，王忠诚和同学们听了很受鼓舞。

7月，王忠诚完成了高中学业，以优异的成绩毕业了。3年的高中课程，他用了4年时间，其间经历了辍学、复学的风风雨雨。多年之后，他一直念念不忘在汇文学习的经历，一直与母校保持着密切的联系，他曾对母校的几任校长表达过同一个意思："没有汇文，就没有我今天的事业。"

毕业考试不久，紧接着就是升学考试。为了确保能上大学，王忠诚同时报考了几所大学。走出考场，他觉得发挥不错，结果正如他所料，他同时收到了几所大学的录取通知书。于是，选择上哪一所大学，成了让他纠结的问题。

在内心深处，王忠诚是想学工科的。他像当时的很多知识青年一样，渴望能成为一名工程师，走"工业救国"的道路。可是，几所工科院校都要收取昂贵的学费，这是他无法承担的。这时，他听说国立北京大学医学院不收学费，便决定去那里就读。

对于这个选择，王忠诚后来回忆说："学医是被'穷'逼出来的。高中毕业时，我的理想是学工科，因为国家强盛，必须工业发达。但是，当时经济很困难，没钱上工科的大学，而学医不用交学费，我就选择了学医。"

如今回望历史，突然觉得，王忠诚被"穷"逼出来的选择，应该是非常正确的选择，因为这个选择不仅成就了他，也成就了中国的神经外科。

1944年9月，王忠诚来到位于西什库后库的国立北京大学医学院新校区，开始了为期4年的学医生涯。西什库后库离中南海不远，学生的部分宿舍就在中南海怀仁堂旁边。他很幸运地住进了中南海，生活在绿树成荫的皇家园林里。

在这种良好的自然环境中学习、生活，按说同学们的心情应该不错，但日伪政权对学校的控制，又让同学们产生了挥之不去的心理阴影，加上物价飞涨、物资短缺，生活很艰难，日子便不好过了。

王忠诚没有钱，吃饭都是问题，他只能半工半读，赚点钱维持生计。他先是找了一份家教的活，给一位局长家的孩子补习英语，后来又去干装卸、搬运等零活。许多常人难以想象的苦差事他都干过，但仍挣不了多少钱，他还是经常食不果腹。

为了节省开支，他特意买来便宜的杂粮面，自己动手蒸成窝窝头，然后每顿饭一杯开水、一块咸菜、一个窝窝头，就对付了肚子。这就是王忠诚大学时最常见的伙食，很少有改善的时候。

1944年的冬天特别冷，王忠诚身上却依然穿着单衣。他不是不怕冷，而是实在没有钱去买棉衣，只能大部分时间缩在破旧的被窝里。他同宿舍的同学叫司稚东，是河北滦县人，家庭情况好一些,看王忠诚冻成这个样子,便把新做的一件棉袄送给他。他不好意思要,司稚东便说借给他,他才勉强接受了。

多年以后,司稚东"借"给他棉袄的情景,他仍然难以忘怀。他不止一次地说:"他说是借给我,其实是送给我的。因为他知道,我穿上肯定脱不下来。"

这个冬天,是王忠诚最为艰难的岁月,饥饿、寒冷一直困扰着他。但司稚东的一件棉袄,给了他冬日的温暖,其他几个同学也纷纷伸出援助之手,使他体会到了同学之间的友爱和真情。

也是在这段日子里,另一个重要的同学出现在他的生活中。

抗战期间,敌占区的大学教育很不景气,每年招生都招不了多少。国立北京大学医学院44级招的学生算是多的,但也只有100人。由于师资力量欠缺,100人只能编成一个班,在一个大教室上课。

正因为同学多,王忠诚又是半工半读,起初并没有引起老师和同学的注意。直到第一个学期结束,期末考试成绩出来,高居榜首的他才脱颖而出。

在关注王忠诚的同学中,有一个叫韩一方的女同学。她是东北人,美丽大方,活泼开朗,学习成绩也很好,是班里男生关注、追求的对象。但是,韩一方关注的却是成绩优异、沉默寡言、爱打篮球的王忠诚。

不知从什么时候起,王忠诚和韩一方坐到了一张课桌上,成了同桌。从那以后,大学几年里,他们一直是同桌,再也没有分开过。这也许就是缘分吧!

坐在一张课桌上，王忠诚也开始关注起这位漂亮的女同学，两人自然而然地开始了交流。起初，他们交流的主要是学习，后来慢慢开始交流对社会、对人生的看法，再后来又涉及理想、爱情和对未来的憧憬……两颗心渐渐靠近，两个人不知不觉地坠入了爱河。

在恋爱中，王忠诚和韩一方迎来了抗战的胜利。1945年8月15日，日本宣布无条件投降那一天，他们欣喜若狂，紧紧地拥抱在一起。那天下午，成千上万的人在路上欢呼和歌唱，他们也和同学们一起，走上街头庆祝胜利。1945年12月，北京各公立大学被统一编为"北平临时大学补习班"，国立北京大学医学院被编为"北平临时大学补习班第六分班"。

王忠诚与韩一方游览颐和园留影

1946年7月，北京大学在北平复校。北平临时大学补习班第六分班连同附属医院一同并入北京大学，成为北京大学医学院。

不管学校名称和隶属关系怎么变，教学基本没受影响，王忠诚和韩一方仍然在恋爱中共同学习，共同进步。但是，并入北京大学后，医学系的学制和课程设置发生了很大变化，他们有可能要多上几年，这对经济困难的王忠诚来说，不是一个好消息。好在有韩一方做伴，他们相互关心，相互帮助，相互支持，王忠诚也能接受。

1946年10月10日，北京大学医学院正式开学。

1946年底的北京大学医学院，已经不是过去那个只有十几个教授的医学院，而是汇集了一大批卓有成就的国内外知名学者、医药卫生学界的杰出人才、各学科的带头人物。

基础学科的知名专家有：组织学家马文昭教授，神经解剖学家臧玉淦教授，解剖学家刘其端教授，免疫学家陶善敏教授、颜春辉教授，细菌学家谢少文教授、方亮教授，生物化学家刘思职教授、张昌颖教授，医学史学家李涛教授，寄生物学家冯兰洲教授，病理学家胡正详教授、秦光煜教授，药理学家李钜教授，生理学家沈寓淇教授，公共卫生学家林宗扬教授、严镜清教授，等等。

临床学科的知名专家有：传染病学家吴朝仁教授，热带病学家钟惠澜教授，肾脏病学家王叔咸教授，胃肠疾病学家陈国桢教授，心脏病学家马万森教授，脑外科学家关颂韬教授，泌尿外科学家谢元甫教授，骨科学家孟继懋教授、陈景云教授，胸腔外科学家王大同教授，肿瘤外科学家司徒展教授，妇产科学家林巧稚教授，儿科学家诸福棠教授，皮肤花柳病学家胡传揆教授，神经精神病学家许英魁教授，眼科学家毕华德教授、刘家琦教授，耳鼻喉科学家刘瑞华教授、张庆松教授、徐荫祥教授，放射科学家谢志光教授，口腔医学家毛燮均教授、钟之奇教授、胡郁斌教授，等等。

看着这些大名鼎鼎的人物的名字就可以知道，当时的北京大学医学院的师资力量，代表了当时中国医疗卫生各学科的最高水平。

这一时期，学校的课程安排也发生了变化，开始实行学分制。学生修业期间，除体育课外，须修满132学分，修业期限至少须满4年。每学期所选学分以17学分为准，一般不得少于14学分，亦不得超过20学分。学年成绩有三分之一不合格者，予以留级。必修课程次年经补考仍不及格者，责令退学。

这一时期，教师对学生要求特别严格。不仅要求学生牢固掌握基础理论知识，还要求学生学会各种技能。临床各科的教学，也注意理论与实践并重，采取大班系统讲课与小组轮流实习相结合的方法。

王忠诚印象较深的学科是生物化学，刘思职教授和张昌颖教授讲课都很注重新发现、新理论的介绍，实习课中尤其注意教授有关临床的各种指标，以帮助学生深刻体会生物化学在诊断学上的价值。他们还指导学生开展了"低级抗体之研究""果物自结果至成熟期间丙种维生素及其催化酶之测定""大豆食品制造之改善""发芽食品营养价值之测定"等课题的研究，均取得了一定的成果。

有这些著名的专家教授做老师，王忠诚如鱼得水，尽情地邀游在医学的海洋里。

在众多的教授中，王忠诚特别崇拜神经解剖学家臧玉淦教授。臧教授讲课的水平很高，能够把复杂的神经解剖讲得通俗易懂，把枯燥的理论讲得生动有趣。王忠诚开始喜欢上了神经解剖学，这为他后来从事神经外科事业奠定了坚实的基础。

1948年7月，王忠诚完成临床课的学习，进入实习阶段。他和十几个同学一起，被分到北平陆军总医院实习。

到实习医院后,各科教授先把实习生集合起来,结合病例进行大班讲课。住院总医师挑选典型病例,让学生提出初步诊断意见,并在会上作病例报告,然后由教授提问;提问中,教授不断指出每个学生的错误和不足,并告知正确的诊断和治疗方法;还请病人到会示教,以加深学生们对理论知识的深入理解。

实习实行轮转与固定相结合的方法。前半年各科轮转,大科(内、外、妇、儿)各一个月,小科各半个月。轮转结束,学生填写希望固定实习的科室,由各科住院总医师研究后确定。

轮转时,王忠诚先到了内科,带教老师是内科专家刘思豪。跟刘大夫查房,让他大开眼界,只见刘大夫视、触、扣、听一遍,便给患者下了诊断,后续检查均能证实诊断的正确性。在内科,王忠诚分管了几张病床,每天要接收病人,做简单的检查和处理,然后向查房的住院总医师、教授报告病人的病情,并按照医嘱做处理,直到病人治愈出院或不治身亡。在实习中,他既参加了治疗,根据病人的病情进行了系统学习,又通过老师查房不断接收新知识、新经验,感觉收获很大。他觉得内科医生很了不起,产生了轮转后固定在内科实习的想法。

一个月后,他轮转到外科,跟着外科大夫进了手术室,很快又转变了想法。他发现,外科医生的一把刀,在奄奄一息的伤员身上"游弋"一番后,竟然就把人救活了,效果立竿见影。于是,他又做出决定,以后要做一个会做手术的外科医生。

可是,王忠诚的实习轮转还没结束,局势就发生了重大变化,以至于让他没有机会固定到哪个科去实习。随着平津战役的结束,北平的和平解放,北平陆军总医院结束了它的历史使命,被人民解放军接管。医院的医生面临着重新选择,王忠诚等实习生们被安排回了学校。

这时，北京大学医学院也面临着同样的问题——被接管后转型的问题。

1949年2月28日，北平市军事管制委员会文化接管委员会正式接管北京大学。3月1日，军管会代表钱俊瑞、张宗麟奉命来北大指导行政教学工作，同时向医学院派遣联络员驻校，了解情况，进行联系，并开始根据新中国文化教育方针和建设事业发展的需要，对旧的教育制度进行改革。

1950年1月4日，中央人民政府政务院文化教育委员会根据中央人民政府卫生部的请示，决定将北京大学医学院划归中央卫生部管辖。这次，学院的专业设置又一次被调整，学制由7年改为5年，即：预科1年，基础课与临床课各1年半，实习1年。

根据新的学制，王忠诚就读的44级已经学习满5年，而且进行了一年多的实习，基本达到了毕业的要求。于是，1950年7月，他们在通过了考试后，被批准提前一年毕业。

毕业后，王忠诚被分配到天津市立总医院工作，自此开始了悬壶济世、救死扶伤的医者生涯。

第三章

硝烟中的抉择

1950年夏天，王忠诚来到天津市和平区鞍山道的天津市立总医院报到，被分配在外科工作。韩一方也一起报到，分到了儿科。

这时的天津市立总医院，刚刚启用这个新名字。它的前身是国民党天津中央医院。这所医院虽然也是个成立不到3年的年轻医院，但起点很高，名气很大，是国民党政府在全国设立的五大中央医院之一。

抗战胜利后，国民党政府接管了位于鞍山道123号的日本公立居留民团医院，便计划把它扩建为华北地区的中央医院。当时已有4所中央医院，分别在重庆、南京、广州、兰州，只有华北地区没有。筹建时，医院仅有一座3层的小楼房，硬件设施较差，但医院邀请了抗战南迁的一部分原协和医院、北大医院、齐鲁医学院和欧美留学归国的医学专家,并请他们带来了部分设备,因此一起步就备受关注。

中央医院从建院伊始,就把招聘和培养高级医学人才放在重要地位,把"医疗"和"教学"作为医院的办院宗旨。由于医疗、教学工作的全面开展,医院的知名度越来越高,规模也逐步扩大。王忠诚到医院时,它虽然仅仅运行了两年多,但职工总人数已经达到451人,其中有主任医师8人、主治医师14人,年门诊量近10万人,住院人数近5000人次,平均日门诊量也有近300人次,已经成为当时华北地区颇有名气的医院。

1949年,天津军管会接管了中央医院,在医院建立了新民主主义青年团,设立了团支部,正式公开了医院党组织。1950年4月,中央医院改名为"天津市立总医院"。

在这个过程中,医院的设施设备和专业技术人才有所流失。为了尽快恢复生产和发展,医院从各大医科院校广泛吸纳人才,王忠诚和同学们这才有幸来到了这里。

刚到医院时,王忠诚听到一个说法,说他们这批毕业生只能算是"半成品"。这种说法不是没有理由,他们在校期间经历了几次重大变故,课程、学制等多次被调整,领导、老师也频繁变动,学习、实习多次被中断,尤其是缺乏临床实践经验。因为有这种说法,医院便采取了边用边培训的方针,有针对性地安排他们做住院医生,接受严格而有计划的临床业务培养。

王忠诚来到外科做住院医生,却时刻不忘以实习医生的做事准则要求自己,勤学苦干,不懂就问,得到了科室领导和专家的一致好评。这时,天津总医院的外科汇集了不少知名专家,其中有张天惠教授、刘润田教授等,王忠诚有幸得到了他们或直接或间接的指导,进步很快。不久,他就从毕业生队伍里脱颖而出,成为了经常在手术台旁露面的助手。

给专家教授担任助手,不仅是一个工作过程,也是一个学习过程。在这个过程中,王忠诚认真观察,虚心请教,配合手术的动作越来越熟练。渐渐地,他也被安排作为主刀做一些普通外科的小手术了。

1950年10月19日,中国人民志愿军跨过鸭绿江,打响了"保家卫国"的抗美援朝战争。为了响应祖国的召唤,天津医务界首先组织"抗美援朝救护委员会",很快就有4000余人报名参加。著名脑外科专家赵以成的母亲年逾八旬,得知天津要组建赴朝医疗队时,老人积极鼓励儿子报名。在这份报名名单中,许多是国内知名的医疗专家,除了脑外科专家赵以成,还有骨科专家陈林堂、胸外科专家张天惠、普外专家雷爱德、妇产科专家愈蔼峰等。后来相继组成五个大队,外科专家万福恩自愿担任抗美援朝医疗队第一大队队长。第一大队出征时,当时的市长黄敬亲自将他们送往车站,称这是一次"伟大的创举"。《天津日报》头版头条报道,说他们是"援朝先锋,卫国英雄"。

王忠诚当然也报了名,但由于资历浅,他没能入选第一大队。

送走这些专家,医院的工作任务更繁重了,王忠诚主动承担起开赴前方的医疗队员的原职工作,也得到了更多锻炼的机会。

一年后,王忠诚开始独立收治病人,给病人做手术。这时,他不仅做普通外科手术,也开始做胸外、骨科、泌尿科的手术,而且手术做得越来越漂亮,深得领导和专家的赏识。

1951年冬,又一批抗美援朝医疗队开始组建,王忠诚又一次报了名。

冬日的阳光照在天津火车站广场上,照在即将远行的抗美援朝医疗队的旗帜上。王忠诚和其他队员一样,正在和送行的同事、亲友们依依惜别。

王忠诚抬手擦掉已成为他爱人的韩一方眼角的泪,安慰她说:"好好工作,别担心我。"

韩一方抓住王忠诚的手,郑重地说:"你答应我,一定注意安全。"

"我给你写信。"

……

一声哨响,队员们纷纷登上了火车,送行的人们挥手致意。王忠诚又一次发现韩一方流泪了,但他坚定地坐在了自己

天津抗美援朝医疗队在吉林洮南合影

的座位上，不再往外看。

火车一路向北。几天后，王忠诚和同事们来到了吉林省西北部一个叫洮南的小县城。这里，有一座组建不久的后方医院，天津抗美援朝医疗队被安排在这里工作。

白皑皑的大雪覆盖着大地，西北风像刀子一样割在人们脸上，几间简陋的土坯房被冻得"瑟瑟发抖"。王忠诚看到这种情况，不由得倒吸一口冷气。

走进房间，里面却是另外一番景象——无数伤员躺在简易的病床上，有的甚至躺在担架上，医务人员急匆匆地穿梭其间，处理着伤情。

医疗队一到驻地，顾不上整理行装，便立即投入工作。王忠诚作为第三小组的组长，除了诊治、抢救伤员，还要担负管理协调任务，一开始工作便进入了紧张的状态。

那是一段难忘的日子。王忠诚和同事们在艰苦的条件下，克服了重重困难，夜以继日地工作着。一条条垂危的生命被从死亡线上拉回来，一个个康复的战士从这里重返前线。王忠诚他们在极度疲惫的状态下坚持战斗，实现着自己的人生价值。

这里最需要的就是外科医生，许多伤员必须手术，王忠诚成了大忙人。普外、胸外、骨科、泌尿科，他什么科的手术都做，什么手术都做得很好，赢得了领导和伤员们的一致称赞。

偶尔有一点空闲，王忠诚便给韩一方写信。他在信里描写了北国的雪天荒原，述说了每天面对伤员的感受，也谈了自己救活伤员时的满足和喜悦，当然还表达了思念和祝福。总之，他在医疗队的工作和生活都不错。

可是，不久后发生的一件事，却让王忠诚很苦恼、很无奈、

很受刺激。

这天，王忠诚刚给一个腿部受伤的伤员做完手术，满头大汗地走出手术室，一个护士就在远处喊："王医生，王医生，你快过来看看。"

王忠诚边擦汗边快步走过去。只见担架上躺着一个头部缠着绷带的伤员，正处在昏迷状态，嘴角吐出白沫。这分明是头部外伤，神经系统受到了损坏，王忠诚不由得眉头紧锁。

"为了祖国，冲啊——"伤员突然大叫，把护士吓了一跳。

王忠诚知道，这种脑外伤，必须进行手术治疗。国内能做这种手术的，只有大本营的赵以成教授等屈指可数的几个人，而且成功率有多少，谁也说不清。

看着伤员痛苦的表情，王忠诚只好先给伤员开了些镇静药，但他自己也明白，这只是"治标不治本"的无奈之举。

陪护伤员的战士拉住王忠诚，恳求说："医生，这是我们的排长，有名的战斗英雄，您可一定要想办法救救他呀！"

王忠诚心里一点底也没有，不知该怎么回答，只能沉默。在学校，他没学过脑外科，一些基础知识也是后来自学的；刚到天津总医院时，他虽然跟赵以成教授做过几台手术，但大脑是神经中枢，稍有不慎便会带来不可想象的后果，他实在不敢贸然行动。怎么办？

"医生，您就救救我们排长吧！"战士哀求。

王忠诚还是没有答应，但心里暗暗决定，要想尽一切办法抢救这个伤员。他又一次给伤员做了详细检查，并请医疗队的其他专家会诊，希望能找到救治的方法。讨论中，大家都觉得只有做手术才有机会,可没人敢动这个手术。

伤员在痛苦中挣扎着,王忠诚的心里很不是滋味,可他只能眼睁睁地看着,实在无能为力。

第二天,王忠诚又去看那个伤员,发现伤员已经昏迷,将不久于人世。陪护的战士眼巴巴地看着他,他只好象征性地拿出听诊器,仔细地听排长的心跳,但分明已经很微弱了。不知不觉地,他的眼泪滑出眼眶,落在伤员的身上。

当天,这名排长停止了呼吸,王忠诚的心也像掉进了冰窖一样。

接下来的日子,前方的战斗越打越艰苦,伤员被源源不断地送来,其中不乏脑外伤的伤员。可是,像往常一样,其他伤员大多有手术的机会,而且手术后康复的概率很高,但脑外伤的伤员却都像那位排长一样,做不了手术,很多伤员都在痛苦中逝去。

有人说,成功最重要的不是努力奋斗,而是想法或抉择。有了想法,才能做出抉择,才能围绕着这个抉择,有针对性地去努力奋斗,也才有可能取得一定的成绩。换句话说,有什么样的想法,就有什么样的人生。

在洮南的后方医院,王忠诚便产生了一个想法,从而选定了前进的方向,最后让他成长为一个领域的领军人物。

当时,王忠诚是这么想的:脑外伤的伤员这么多,而神经外科的医生这么少;脑外伤的伤员这么痛苦,而神经外科医生却无能为力,那么,我何不集中精力研究神经外科呢?

对于这个想法,王忠诚后来回忆说:"志愿军伤员为保家卫国受伤了,但是我没有办法,只能看着伤员痛苦呻吟甚至死去,觉得很内疚,于是就下决心,去学神经外科,把中国的神经外科建立起来。"

这个想法,现在看来很简单,但在当时,应该算是一个很大胆、很前瞻的想法。之所以这么说,是因为这个学科在当时几近空白,大学里不设这门课,医院里不设这个科,即使是世界范围内,这个学科的发展也相对滞后。王忠诚当时只了解很少的神经外科知识,对学科发展的历史和现状并不清楚,要想从事研究,谈何容易。

虽然不知道前景,但有了想法便有了方向,便开始产生引导作用。如今来看,这个想法是何等的重要,甚至比一个经过深思熟虑和研究论证才形成的想法更重要。这个想法让王忠诚踏上了学科发展的列车,最终成就了他的事业,更重要的是挽救了成千上万患者的生命。

"没有做不到,只怕想不到。"要想做成一件事,首先要敢想。

英雄所见略同。王忠诚产生这种想法的时候,很多领导和专家也注意到了神经外科的薄弱问题,国家卫生部也有了加强神经外科建设的想法。就在这一年,卫生部开始陆续派出专家出国留学,涂通今、王维均、王毅、张纪、陈公白、瞿治平、许建平等先后到苏联学习神经外科技术。

1952年春,王忠诚从洮南回到天津,也把这个想法带了回来。为了实现这个想法,他又产生了一个新想法——拜赵以成教授为师。

王忠诚把自己的想法告诉了爱人韩一方,韩一方当即表示支持。

"你在信中告诉我那个排长的事,我就知道你有这个想法了。"韩一方说。

"是啊!看到那些伤员痛苦地挣扎、死去,我觉得很无助,恨自己不能为他们做手术。"

"可是,你想拜赵以成教授为师,我看不容易。你知不知道,他是国内首屈一指的神经外科专家,现在开着一家私人诊所,听说挂号费都要一根金条。"

"好在他现在也是咱们医院的顾问,说不定会有机会。"

"顾问、顾问,顾得上就问,顾不上就不问。他除了开诊所,还是河北医学院的名誉教授,忙得很。"

"那就只能找机会了。"

为了拜师,王忠诚开始寻找机会,寻找一个明确向赵以成教授表达拜师意向的机会。这时,他应该已经见过赵教授了,或许已与教授有过正面接触,但他俩第一次见面的情景,他自己也说不清。可以确定的是,那时他还没有拜师,赵教授也还没有把他当作自己的学生。

机会总是垂青有准备的人。就在王忠诚挖空心思寻找机会时,机会竟悄悄地来了。

1952年5月,天津市立总医院成立了一个新的科室——脑系科。这可不是一般的科室,而是国内第一个脑系科(包括神经外科和神经内科),它的成立具有划时代的意义。它的创始人,正是当时国内最著名的神经外科专家赵以成教授。

赵以成教授亲自担任脑系科的主任,开始在全院、天津乃至全国"招兵买马"。

王忠诚得知这个消息很兴奋，暗暗下了报名参加脑系科的决心。他与韩一方商量自己的想法。

"我想去脑系科，你看怎么样？"

"既然你想去，我赞成。"

"可是，很多同事都劝我考虑考虑，他们觉得脑系科风险大，容易出问题。你觉得呢？"

王忠诚的恩师赵以成教授

"赵教授是权威专家，有他做你的老师，你有什么好怕的？"

"他们还说，我搞普外有基础，很快就可以提主治医师，去脑系科要从头学起，还有不确定性。"

"想做什么就去做，不能瞻前顾后，否则什么都做不成。"

"那我决定了，不管以后发展如何。"

"未来的脑系科专家，我支持你。"

得到韩一方的支持，王忠诚立即提笔，写了一份志愿去脑系科的申请书。

于是，国内第一个脑系科迎来了第一个住院医生，国内最著名的神经外科专家找到了最忠诚的学生。这一步，王忠诚走在了前面，也从此走上了中国神经外科发展的前沿阵地。

王忠诚的带头加入，吸引了一批外科医生加入脑系科，其中有薛庆澄、陈世峻、方都等，这些人日后都成为中国神经外科学界的泰斗级人物。

在院长万福恩的大力支持下，在赵以成教授的多方努力下，脑系科配置了60张病床，新建了手术室，购买了专用的X光检查机、脑电图机等设备，硬件设施逐步得到完善。

第一个吃螃蟹的人是勇士，第一个办脑系科的人无疑也是英雄。在王忠诚眼里，赵以成教授是英雄一样的人物。赵以成教授关闭了自己红火的私人诊所，不计报酬来到总医院工作，就是想创办一个中国人自己的脑系科，这不能不让27岁的王忠诚钦佩和崇敬。

脑系科很快就开始收治病人，王忠诚也如愿得到了赵以成教授的耳提面命和悉心指导，成为赵教授非常喜爱的学生。

"从1952年我进入天津医学院神经外科开始，赵以成教授就是我的老师。"王忠诚后来在《怀念我的老师赵以成教授》一文中，把两人师徒关系的起点定格在这个时期。

同年10月15日，朱宪彝创办的天津医学院隆重成立，天津市立总医院改名为"天津医学院附属医院"，赵以成担任神经科（包括神经外科和神经内科）主任。可能从这时起，赵以成开始正式带学生，王忠诚和薛庆澄一起，成为了他正式的学生。

也是从这时起，王忠诚开始对恩师有了全面的了解。

1908年2月，赵以成诞生在福建省漳州市一个普通的工人家庭里。他的父亲赵联芳原是一名筑路工人，后来又做矿工，却因炸伤而失业。赵以成出生时，父亲已经是个以编售斗笠为生的手工业者。

赵以成有6个姐妹、3个弟弟，不幸的是，3个姐姐在年轻时病逝，2个弟弟在只有两三岁时就夭折了，另一个弟弟也在即将成年时因伤寒导致肠穿孔而死。10个孩子病死6个，只剩赵以成和一姐两妹，父母极度伤心，下决心培养赵以成学医成才。

1926年6月，赵以成考入当时福建唯一的一所医科学校——福州岐山协和大学医科班，第二年转入北平燕京大学医学预科，1929年学习期满获医学学士学位。一个月后，他通过了严格的考试，升入协和医学院。

协和医学院学制为8年，先要在燕京学3年医学预科，还要在协和学5年本科，毕业后直接授博士学位。学校实行严格的淘汰制，而且淘汰的比率很高，能坚持到最后的，后来都成为医学界的精英。赵以成坚持到了最后，并于1934年6月如愿获得了医学博士学位。

从协和毕业后，赵以成留在了协和医院，在外科做了一名住院医生，一做就是两年。两年里，他先后到神经科、病理科、骨科、泌尿科、耳鼻喉科、精神病科等科轮转，为不少病人做过手术，还发明了"肠胃道无菌吻合"技术，获得了森氏（SUN）耳鼻喉科论文著作奖金500元。外科主任娄克斯医生对赵以成的表现非常满意，决定送他出国深造。

1938年12月，赵以成在获得了洛克菲勒奖学金后，以学者身份赴加拿大蒙特利尔神经病学研究所深造。这家研究所的所长名叫潘菲尔德（Wilder Penfield），是世界神经外科的泰斗、白求恩医生的老朋友。潘菲尔德教授对中国来的赵以成格外关注。于是，赵以成获得了潘菲尔德教授的悉心指导，系统学习了神经外科的有关理论知识，并很快有了成果。他成功研制出一种特制胎膜，用于防止开颅术后或脑外伤后脑组织与脑膜的粘连，论文发表在了英国皇家医学会的《英国医学》杂志上，在国际神经外科领域引起了不小的轰动。因此，潘菲尔德所长给他颁发了研究员证书,正式聘请他担任蒙特利尔研究所的研究员。

1941年初,赵以成学习期满,面对进退留走的问题。潘菲尔德教授诚心挽留,他没有答应,毅然选择了回国。他想回国创办中国的神经外科机构。回程中,他特意绕道美国,考察了美国8所神经外科中心,对世界神经外科的发展有了广泛、直接的接触和了解,为创办中国的神经外科机构做准备。然而,赵以成回到协和医院不久,太平洋战争爆发了,日军占领了北平,接管了协和医院,他的想法无法变成现实。而且,和很多同事一样,赵以成也不愿为日军工作,便带领全家逃到了天津的租界,开始私人行医。

这时,在天津乃至全国,能给病人做开颅手术的人很少,加之神经外科的诊治手段高难,需要大型设备,赵以成发展神经外科事业的梦想无法实现。面对混乱的世道和现实,他只能做些普通外科医生的工作。

有人劝赵以成去香港行医,说香港普通外科、神经外科都很吃得开,他没有同意,还是一心想留在国内发展神经外科事业。

新中国成立后,赵以成被聘为河北医学院名誉教授和天津市立总医院外科顾问,他又看到了曙光。尤其在抗美援朝医疗队,他用他的神经外科技术挽救了许多伤员,也让世人知道了神经外科的重要性。也正是因为这个原因,他获得了天津市立总医院万福恩院长的大力支持,创办了中国第一个脑系科,实现了他多年的梦想。

脑系科成立时,赵以成的心情很激动,表示"一定不遗余力地办好脑系科,使之成为全国第一流的医学机构"。他是这么说的,也是这么做的。他不仅为来院求医的人看病,还为全市其他医院的神经内、外科患者会诊,为全国各地医疗机构提供业务咨询和指导。除了治病救人,他还把更多的精力放在培养人才上,王忠诚是最直接的受益人之一。

从1952年进入脑系科成为赵以成的学生算起,一直到1974年赵以成逝世,王忠诚在老师身边连续学习、工作了22年,不仅学到了精湛的技术,还受到了老师的高尚品格和严谨学风的熏陶,使他在神经外科的殿堂里不断向前迈进。

"赵以成教授一生中培养了很多神经外科医生与各省市的神经外科骨干力量,他那海纳百川、甘为人梯的宽广胸怀和统领大局、勇于进取的远见卓识,永远值得我们学习。"在《怀念我的老师赵以成教授》一文中,王忠诚这样写道。

时间进入1953年,一个神经外科的人才战略拉开了序幕,从而把学科的发展推上了快车道,赵以成教授也成为日后许多神经外科专家的恩师。

第四章

艰难起步

　　1953年新春伊始，操着各种口音的23个年轻人来到了天津医学院附属医院脑系科，他们是来参加"全国第一届脑系外科进修班"的。

　　"全国第一届脑系外科进修班"由国家卫生部主办，委托天津医学院附属医院脑系科具体承办，说白了，也就是让赵以成教授培养一些脑系外科人才。这时，在英国留学的神经外科专家李光教授正好回国，也担任了主讲。这23个年轻人，是从全国13个省市、15个医学院校和各级医院抽调的优秀青年医师，他们是：戈治理、郭增燔、侯金镐、李秉权、丘褆光、蒋先惠、曾广义、尹昭炎、曹美鸿、李明权、赵仰胜、韩哲生、李通、榻湘荣、吴乐白、左铁镛、张政威、孙文海、易声禹、翟允昌、熊德佐、刘敏、王忠诚，北京协和医院的冯传宜参加了旁听。后来，他们中的很多人都成为当地神经外科的创建者和学科带头人。

王忠诚作为东道主,热情地接待了这些学员,协助安排学员们的住宿,解决一些生活上的问题。这些学员中,后来很多都成为他的好朋友,易声禹就是其中之一。

易声禹是湖南醴陵人,比他小一岁,是从南京军区总医院选派来的。他们第一次见面的情景,易声禹记得很清楚,后来在回忆中多次提到。

刚到天津时,易声禹怀着好奇的心情参观脑系科的病房,碰到了王忠诚。

"你是来学习的?"王忠诚热情地问。

易声禹看王忠诚身材高大,外表也显得很老成,便有几分胆怯,但还是做了简单的自我介绍。

"我叫王忠诚,是科里的医生,这次也跟你们一起参加学习,还做一些服务工作。有什么事,随时找我。"

王忠诚与易声禹讨论医学问题

"少不了麻烦您。谢谢！"

"你做过脑系科手术吗？"王忠诚又问。

"在抗美援朝手术队，我给一些颅脑火器伤的伤员做过清创术，但那算不上真正的手术。我在湘雅医学院学习时，也没学过这方面的知识。"

"我也一样。参加抗美援朝医疗队时，也只会做清创，回来后才跟赵教授学的。"

"你觉得好不好学？"

"我觉得脑系科跟其他外科区别不大，只要认真学，多看病人，应该不难。"

两个人聊得很投机，当时的情景给易声禹留下了很深的印象。他后来回忆说："初次见面，他的热情、纯朴就给我留下了很深的印象。后来我发现，他不只是对我，对大家乃至病人都很热情，都很关心。学习期间，我经常去病房找他，很多个晚上我们都是在沙发上度过的，我从他那里学到了很多东西。"后来，易声禹先后担任了南京军区总医院外科住院总医生，第四军医大学第一附属医院神经外科主治医师、科室副主任、副主任医师、副教授、科主任、主任医师、教授等职，在手术上勇闯"禁区"，成功地切除过异常巨大垂体瘤、蝶骨嵴脑膜瘤，在脊柱裂合并尿失禁的治疗研究上处于国际领先水平，先后荣获国家、军队科技进步一、二、三等奖12项，在医疗教学科研中取得了卓越的成绩，为我国神经外科专业的发展做出了重大贡献。

2月25日，全国第一届脑系外科进修班正式开学。

天津医学院和附属医院对这个班非常重视，院长朱宪彝教授亲自担任班主任,附属医院万福恩院长任副班主任,从各方面给予大力支持。师资方面,除了主讲赵以成教授和李光教授,还有苏瑛、吴恩惠、陈世峻、袁佳琴等人担任基础教学工作,王忠诚和薛庆澄负责组织安排教学准备工作。从此,王忠诚一边做助教,一边当学生,还要管病房,每天都忙忙碌碌的,但就是在这一时期,他的业务能力和综合素质都得到了飞速提升。

这时的脑系科与新中国一样,可以说一穷二白,根本没有教学条件。一无教材、二无标本,病例资料也很少,设备又简陋,开展教学的难度很大。赵以成带着王忠诚、薛庆澄,想方设法创造条件。没有教材,他们就把老师的讲稿刻成蜡版,油印后装订成册,充当教材;没有病例资料,他们就跑到大大小小的图书馆和医院,广泛收集……

"当时的教学条件十分艰苦,设备又简陋。有的教材是由主讲人英语口授,再翻译成中文,用蜡版刻成教材。"王忠诚后来回忆时,曾这样说。

这是一个特殊的细节,主讲老师要用英语口授,竟然不能用汉语自如地表达专业术语,可以想象当时的困难程度。赵以成在加拿大留学工作长达7年之久,接触的专业术语都是用英文表达的,而国内这些医生很多听不懂英文,只得先翻译再讲。李光教授刚从英国回来,他在英国医学院从事神经外科工作多年,用的基本是英文,也遇到了同样的问题。于是,班里选出曾广义、丘禔光、曹美鸿、易声禹、吴乐白5人成立教材编译组,把教授的英文讲义译成中文,再刻蜡版印成教材。王忠诚有幸参与了两位教授的备课过程,主要是翻译和记录。当时,王忠诚的英文基础并不好,他在汇文中学和北大医学院学到的英文,都是些皮毛，倒是通过配合两位教授的备课，让他学到了很多东西，尤其是与神经外科有关的英文术语。

作为脑系科的住院医生，王忠诚还要把很多时间用在病房里，做好临床工作。他每天很早起床，总要先到病房看病人，了解病史和病程，根据病情发展确定或调整一天的治疗方案；晚上协助老师备完课，还要去病房看病人，跟踪治疗情况，撰写病历。也就是说，助教和学习并没有影响王忠诚在病房里的日常工作，他像往常一样熟悉病人的病情，做到了病历简明、检诊规范，教授每次查房，他都能熟练报告病史，对答如流。赵以成教授对他的工作很满意，不止一次在讲课时对学员们说："你们对待病房工作，都像王忠诚大夫那样就好！"

在朱宪彝教授、万福恩院长的支持下，在赵以成、李光两位教授的带领下，在王忠诚和薛庆澄的配合下，培训班的学员们如饥似渴地汲取专业知识，热情高涨地投身医疗实践，刻苦钻研相关学术问题，不断积累经验，取得了很大的进步。

1954年初，经过11个月的学习，全国第一届脑系外科进修

全国第一届脑系外科短期班（即全国第一届脑系外科进修班）合影

班完成了全部课程,顺利结业。结业典礼上,师生们照了一张合影,让那一刻成为永恒。

学员们学成之后,回到全国各地,使我国神经外科事业蓬勃发展起来,势如雨后春笋。昆明、西安、武汉、南京、长沙等地先后开设了脑神经外科门诊和病房,开展神经外科手术。

这时,通过培训班学习和锻炼的王忠诚也有了很大的进步,临床能力和手术水平都有了较大提高,成为赵以成教授的手术第一助手。更重要的是,在学习和实践过程中,王忠诚进行了一项科研,并取得了初步的成果。这项科研,名叫"脑血管造影术"。

提到脑血管造影术,必须先说说此前广泛使用的气脑造影术。

气脑造影术是美国神经外科医生丹迪(Dandy)在1918年发明的。在X线检查前,先向颅内注入过滤后的空气,使脑室系统在X线中显示出来,根据脑室系统的变形、移位来判断病变,从而提高脑部病变的定位诊断,提高手术成功率。气脑造影适用于颅内压不高或疑有脑退行性病变的病例中,小量定向分次气脑造影也常用于脑室、脑池内有较小肿瘤及有脑积水的患者,以确定脑脊液受阻的部位。但是,这种方法只能查出脑瘤、脑出血等一般的脑部疾病,对脑血管之类复杂的病变不仅无能为力,还会给病人带来很大痛苦。在检查过程中,病人会剧烈头疼,有的甚至会疼得撞墙,从而致残或致死。

1953年夏天,王忠诚在配合老师做手术的过程中,逐步发现了气脑造影的问题。由于诊断手段有限、诊断成功率低、治疗带有一定的盲目性,开颅手术每次要做七八个小时,成功率却不高。当时神经外科界流传的"诊断难死人,手术累死人,疗效气死人"的说法,绝不是危言耸听。

经历过一次次手术失败,王忠诚忧心忡忡,但要提高手术成功率,必须先解决诊断的问题,而要解决诊断的问题,必须改善诊断手段,这谈何容易!

王忠诚把自己的想法向赵以成老师作了汇报。老师告诉他,国外已经开始使用一种先进的神经外科诊断技术,叫"脑血管造影术",是葡萄牙神经科专家莫尼兹(Moniz)和他的学生利马(Lima)发明的。但是,西方医学界对我们实施技术封锁,我们很难引进,只能自己摸索。

王忠诚从赵教授的话里,听出了老师对他的鼓励和期望,便暗暗下了决心,向这一先进技术"进攻",开创我国自己的脑血管造影术。

王忠诚了解到,葡萄牙神经科专家莫尼兹和他的学生利马是从1927年开始研究颅内病变的。他们通过进行动物实验及尸体解剖,发现从颈动脉注射溴化锶,可以在X线下显示脑动脉系统,从而创制了脑血管造影术。随后,莫尼兹迅速把这项技术推广到临床应用,根据血管形态改变、位置分布来判断颅内病变部位及性质,使诊断更加准确。这一发明,对于诊断人类颅脑内的多种病变有直接的意义,尤其对颅内肿瘤、血管畸形和动脉瘤的诊断很有价值。凭借这一发明,莫尼兹获得了1949年度"诺贝尔生理学或医学奖"。

既然人家能研究出来,我们为什么不能?王忠诚在工作、学习之余,开始投入对这项技术的研究。然而,他跑遍了天津的图书馆,找寻这项研究的相关资料,都没能找到任何有价值的东西。没办法,他只好拿着手里仅有的一本《神经解剖学讲义》,按照老师传授的基本方法,艰难地进行研究和探索。

要搞血管造影研究,必须首先搞清楚颅脑的解剖结构。这之后,医院解剖室成了王忠诚最常去的地方。

医院的解剖室只有不到20平方米,通风条件不好,加上温度高,储存的尸体经过福尔马林的浸泡,散发出难以忍受的味道,但他经常一待就是五六个小时。开始,他时常恶心得吃不下饭、喝不进水,待一会就要出去透透气,或者出去呕吐一阵,后来才慢慢习惯。

在解剖室里,他对照着《神经解剖学》讲义,认真地研究颅骨的解剖结构,研究头部纵横交错的神经、血管名称及走向。颅骨的底部结构很复杂,布满了大大小小的孔洞,神经和血管穿过这些孔洞,汇集到大脑中枢。为了弄清这一切,王忠诚又与同事们一道,亲自动手解剖尸体,进一步了解大脑及其血管的解剖结构,了解颈、椎动脉的走行位置及周围结构,再试行穿刺,用X线透视拍片,检查穿刺的准确性……

有一次,他连续在解剖室工作了3天,饭都是爱人韩一方送来的。饭菜摆在案头,他却经常顾不上吃,常常是凉了又热,热了又凉,忙碌得简直可以用废寝忘食来形容。韩一方很心疼,嗔怪说:"工作再忙,也不能不吃饭。"

"科研到了紧要关头,不能有丝毫懈怠。"

"毛主席都说了,吃饭是第一件大事。你连第一件大事都做不好,还能做好什么?"

王忠诚看妻子这么支持自己的工作,还担心自己的身体,只好乖乖地吃饭,然后又投入到工作中。

功夫不负有心人。经过夏天和秋天的努力,王忠诚终于攻克了血管造影的主要技术环节,找到了最佳穿刺和造影的方法,在实验室里算是获得了成功。深秋的天津"五大道"一片金黄,到处是收获的颜色,初见成果的王忠诚仍然没有时间陪妻子散步,他要一鼓作气,把这项技术应用到临床。

听了王忠诚的报告,赵以成教授也很高兴,支持他进行临床试验。

王忠诚开始为临床试验做准备。为了确保万无一失,他准备了整整一个冬天。

1954年1月17日,一个50岁的妇女住进了天津医学院附属医院脑系科,住院号是42581。她的名字,笔者没有查到,但她在我国的神经外科历史上,做了第一个吃螃蟹的人。她是勇士,值得我们永远怀念。

她的病始于两年前,开始是头痛,后来渐渐走路不稳,向左倾斜,再后来出现了大小便失禁。两个月前,她的下颌开始脱臼,说话开始不清楚,吃饭时经常呛着,精神状况也越来越差,几近失常。

王忠诚为她做了细致的检查,发现她神志稍混乱,双侧"巴彬斯基征"呈阳性,血液及脑脊液"瓦氏反应"呈阴性。经过会诊,征得本人和家属的同意,决定为她做脑血管造影。

这是一次划时代的试验,医院领导和专家都很关注,纷纷来到现场观摩指导。

王忠诚虽然做了比较充分的准备,但还是很紧张。手术开始,王忠诚先给患者施行了静脉硫喷妥钠麻醉,再把甲状软骨前沿水平线以下 1 厘米处浸润麻醉,拿穿刺针由该处刺入皮下,寻找颈总动脉。

前面的一系列动作,王忠诚做得行云流水,但在寻找血管时,却遇到了麻烦。临床患者的血管弹性强,位置易滑动,跟实验室解剖时完全是两码事,王忠诚手里的穿刺针在皮下游弋,却总也找不到患者的颈动脉。

时间一点点过去,一直忙活了 5 个小时,王忠诚满头大汗,还是没找到患者的颈动脉。没办法,他只得改用切开法,手术切开了患者的颈部皮肤,才算找到了颈动脉,把 20 毫升碘司特注射进患者的血管里。

造影勉强算是成功的,但影像很不清楚,颈内动脉自海绵段以后均未显像,离预期有很大的差距。更让王忠诚接受不了的是,病人检查后进入昏睡状态,第二天晚上出现了呼吸困难,并发了发绀,经抢救无效死亡。

临床试验失败了,而且造成了患者死亡的严重后果,有人质疑,有人打击,王忠诚自己也很沮丧。但痛定思痛,他觉得不能气馁,既然认准了这条路,就一定要坚持走下去。于是,他和同事们一起,总结经验,汲取教训,又投入到实验室的研究中。

同年 6 月 1 日,科里又来了一个患者,也是一个女患者,不同的是这名患者只有 27 岁,她的住院号是 46842。虽然她的名字也无从得知,但笔者觉得神经外科发展历史上也应该有她的一笔,因为,她也接受了王忠诚脑血管造影术的检查,而且获得了成功。

她入院后,做过一系列检查,包括气脑造影。气脑造影显像,左侧脑室向左移位很严重,第三脑室也有移位,但右侧脑室没有显像。初步诊断,怀疑是右脑肿瘤,但不敢确诊,也不便做手术。怎么办?

这时,王忠诚的脑血管造影术研究又有了新的突破,迫切需要再进行一次临床试验。但是,上次的失败让很多人记忆犹新,还敢让他尝试吗?

关键时刻,赵以成和医院领导支持了他。

这次,王忠诚操作顺利。穿刺针刺入皮下后,他将注射器移开,用另一只手的食指和中指寻找颈总动脉,很快就顺利找到。他用两个手指固定住,再把注射器针尖迅速用力刺入……穿刺很成功,造影很成功,拍出的 X 光片也很清楚。结果显示,大脑中动脉向上移位,颞叶区有圆形分散斑点及条纹状肿瘤阴影,于是给出了右颞叶肿瘤的明确诊断。

根据这个诊断,患者走上了手术台。手术结果证实,患者的确是右颞叶脑膜瘤。

脑血管造影术的临床试验获得了成功,王忠诚长嘘了一口气。

随后,这项技术渐渐开始用于临床,到 1955 年初,王忠诚先后为近百名患者做过检查,大多取得了成功。但是,也有十几名患者出现了并发症,如颈部血肿、癫痫、偏瘫等,甚至死亡。

研究虽然取得了成果,并成功运用到临床,但王忠诚并不满足。他在想,怎样才能更准更快?怎样才能减少并发症?他要使这项技术更加成熟,更好地为患者服务。

这时,王忠诚接到了一个来自北京的消息,恩师赵以成教授要调他去北京。

当时,赵以成教授虽然还在天津医学院附属医院脑系科工作,但已兼任了北京医学院神经外科的主任和教授。

早在1954年,北京医学院组建神经外科,邀请赵以成教授和苏联基辅脑外科专家阿鲁丘诺夫(A.N.APY-THOHOB)共同主持,赵以成担任科主任。开始,北京医学院选派了6名医生从事神经外科,分别是陈炳桓、白广明、赵雅度、詹名抒、柴万兴、蔡振通,后来又从上海医学院抽调了3个人,分别是蒋大介、俞少华、杨德泰。赵教授每两周一次,奔波于津、京两地医院之间。到了年底,卫生部要求他在北京同仁医院建立神经外科,他又投入筹备之中。

1955年2月,同仁医院新楼建成,同仁医院神经外科也宣告成立,赵以成任科主任兼北京医学院神经外科教授。这是北京第一个神经外科,也是全国第一个与神经内科分开的独立的神经外科。同仁医院神经外科设病床60张,但医务人员不充足,赵以成便想从天津调人。于是,王忠诚进入了老师的视线。

去不去北京?王忠诚开始有些犹豫。一则自己在天津已经建立了工作基础,脑血管造影术已经看到了曙光;二则老婆孩子都在天津,两个孩子都小,不便两地分居。但转念又想,自己是老师一手培养起来的,恩师的召唤应该无条件服从,再说,跟老师在一起,有更多的学习机会,对工作和科研都有好处。于是,事业心让他选择了去北京。

这天,王忠诚回到家,先帮韩一方干了半天家务,又对她嘘寒问暖,弄得韩一方心里直打鼓。

韩一方知道,王忠诚肯定有什么新任务,便说:"你有什么事赶紧说,别卖关子。"

"赵教授让我去北京。"王忠诚说。

"去北京？那就去呗！什么时候回来？"

"说不定。"

"你什么意思？不回来了？"

王忠诚默默点头。

"那我和孩子们怎么办？"

"我会回来看你们的。"

"就你？住在一个院里我们都看不到你，跑到北京去，还会回来看我们？你说你安的什么心？"韩一方越说越生气，干脆抹起了眼泪。

王忠诚小心地帮韩一方拭泪，安慰她："一方，赵教授是我的老师，老师召唤我，你说我能不去吗？再说了，我要是没空回来，你也可以带着孩子们去看我嘛，或者过段时间，把你也调过去。"

韩一方沉默许久，终于同意了："反正家里的事我也指望不上你，你愿意去就去吧。"

王忠诚听出韩一方的语气里还是不情愿，但得到这个答复，他已经达到了目的。只是，他也知道，哪个妻子不喜欢丈夫在身边，哪个孩子不希望天天看到父亲，韩一方能够同意是多么不容易。他觉得对不起韩一方，对不起这个家和两个孩子，但他又不能不去干事业。他觉得，他只能用自己的努力工作和科研成果来回报自己的亲人。

1955年4月，王忠诚离开天津，到同仁医院神经外科报了到。到后不久，科主任赵以成把医务人员分成了两个组，让王忠诚和来自上海医学院的蒋大介分别任组长，使王忠诚一开始便站在一个较高的起点上。

王忠诚当然是不负恩师所望的,他不只是当组长,在科研上也带来了成果,他的脑血管造影术已经在天津用于临床,在北京也要派上用场。

赵以成支持他,只等合适的患者出现。

1955年7月初,患者来了。

患者叫张德明,是丰台车站的一名铁路工人。

张德明是从铁路医院转来的,来之前已经昏睡了五六天。

在王忠诚的医疗生涯中,这是一个值得关注的患者,因为,在王忠诚最初用脑血管造影术检查过的患者中,他是唯一被记录在案的。从这个角度来看,张德明这个名字很有意义,他可以代表许许多多接受过这项检查的患者。

张德明的病历显示,他六年前发病,开始是抽风,后来伴头疼,几个月前头疼加重,并影响了肢体功能,左半身几近瘫痪。再后来,意识也受到了影响,一天不吃饭也感觉不到饿。

病人是蒋大介接诊的,初步诊断是脑瘤,但脑瘤的部位、大小、数量不好确定,一般的气脑造影又怕病人承受不了,怎么办?

蒋大介向赵以成教授汇报了情况,赵以成马上想到了王忠诚。

"让王忠诚给他做血管造影。"赵以成说。

王忠诚一下子被推到了前台,大家都等着他做出具体的诊断。

穿刺,造影,拍片,一气呵成,不到半个小时,一张清晰的X

光片便呈现在大家面前。

X光片大家都会看,诊断结果很快就出来了。张德明的大脑左右两个半球都长了瘤子,位置都靠近大脑中央血管汇集的上矢状窦,体积占了大脑的三分之一。

这是一个很大的脑部手术,但因为诊断明确、准备充分,神经外科全员齐上阵,最后获得了成功。

张德明得救了。手术后不久,他的神志开始清醒,瘫痪的左半身也伸屈自如了。他万分感激同仁医院神经外科的全体医护人员,尤其是主刀医生和主管护士。但是,他并不知道,王忠诚的血管造影术在手术前和手术中起到了巨大的作用。

王忠诚并没有就此止步。血管造影过程看似简单,但对操作的要求非常高,尤其是时机的把握。穿刺要讲究技巧,一针就能扎准血管很不容易;注射造影剂碘司特后,必须在几秒钟内完成X光片的拍摄,否则造影剂就会随着动脉血液流出脑血管,必须重新注射。为了把握好时间和节奏,他反复练习,逐渐寻找最佳的穿刺和造影方法,寻找操作X光机的窍门。X光片拍出后,在众多细小复杂的脑血管中甄别病变,也不是一件容易的事。每拿到一张片子,他总要反反复复看很多遍,有时还要对照病人的病历进行细致的分析和研究。

1956年初,王忠诚和方都一起,把"脑血管造影术"写成了论文,发表在《中华神经精神科杂志》(现名为《中华精神科杂志》)上,在全国神经外科学界引起了很大反响。

这时,老师赵以成教授仍兼管着天津医学院的工作,每周到科一天进行查房、手术及教学,而上海来的蒋大介等医生陆续返回上海,作为组长的王忠诚便担起了更重的担子。

当时,王忠诚32岁,刚刚被任命为代理主治医生,具体负责科室的管理、医疗和教学任务等工作。他搞科研经常利用早上的业余时间,可以说是"闻鸡起舞"。哈尔滨医科大学附属第一医院神经外科戴钦舜教授在同仁医院进修时,曾经多次碰到这种情形,并把细节记录在回忆文章《创业的楷模》中:

> 某日凌晨4点,我发现学习室灯火通明,以为是昨夜谁忘了关灯。当我入室准备熄灯时,却发现忠诚同志正在全神贯注地阅读X光片。他边看边写,竟然没有察觉我的到来。后来,我得知,他日复一日地坚持早晨4点钟起床,就是为了来此写气脑造影和脑血管造影的X光片报告。常年如此,不曾有一时偷闲!

一分耕耘,一分收获。通过坚持不懈的努力,王忠诚做血管造影的操作技术越来越熟练,成功率也越来越高,完成一次造影所需的时间,从最初的5个小时缩短到15分钟,检查的死亡率也从百分之二降到了千分之二。他还从众多的X光片中总结出了规律,能够很快发现血管中的细微变化,提高了诊断效率。

戴钦舜教授在同仁医院进修是1957年。他参加的这期"神经外科进修班",主讲虽然是赵以成教授,但大多数时间还是王忠诚在带。

五年前,王忠诚在"第一届脑系外科进修班"上还只是做一些教学准备工作,这时却是实实在在投入教学、实实在在为国家培养神经外科人才了。

1958年9月,同仁医院神经外科整体搬迁到新建成的宣武医院,床位扩大到116张。赵以成教授继续担任科主任,王忠诚担任副主任,并晋升为主治医师。

赵以成主任仍然天津、北京两头跑,科室的日常工作便由副主任王忠诚主持。他既要查房、手术,又要主持科研和培训工作。

搬到宣武医院不久,王忠诚就开始筹备新一期的"神经外科进修班",一个月后,进修班顺利开学。

这期培训班学员共有9人,分别是福建省立医院的黄克清、黑龙江省立医院的刘迪、贵州省人民医院的郭学康、北京军区总医院的樊贵寅、海军总医院的严家灵、河北医科大学附属第二医院的田俊明、长春市人民医院的张咸亨、唐山市人民医院的刘翠新及四平市人民医院的冯瑞珍。

这时,黄克清刚大学毕业不久,算是年轻的小字辈,心理上有些自卑。报到时,他走进王忠诚的办公室,看到墙上挂着大大小小的颅脑挂图,书架上排满中外专业书籍,不由得暗暗叫苦,因为他外语水平不高。

王忠诚看出了他的心思:"你毕业多久了?能不能看外语文献?"

"我毕业才一年多,外语不行,单词认不了几个,外语文献更看不了。"

王忠诚深思不语。

黄克清反问:"其他来进修的同志都是老同志吗?"

"除了你,其他人都是有过多年工作经验的。"

"不行的话,我就先回去,让组织上另派有经验的同志来。"

说着,黄克清伸出手,向王忠诚告别。

王忠诚笑着说:"你性子够急的,我又没说你不行。"随后,他换上一副严肃的面孔,郑重地说:"既然来了,就留下吧,今后你直接跟我。不过,你要比其他同志更加努力才行。"

黄克清没想到老师这么爽快,不由得心潮涌动:老师不但不嫌弃我,还答应亲自带我,又提出了严格要求,我绝不能辜负老师的信任,从今以后,要好好向老师学习。然而,正式开学后,他却因为基础知识不扎实,缺乏临床经验,明显感觉学习有些吃力。

一个周末,王忠诚让人通知黄克清,让黄克清去一趟他家,要与他谈话。

黄克清接到通知,心里直打鼓,担心老师嫌他水平低、跟不上学习,把他退回去。走到老师家门口时,他做好了退学的思想准备。见面后,老师热情地询问他这段时间的学习、生活情况,丝毫没有把他退回去的意思,他这才放下了心。

黄克清向老师倾诉了不知从何处学起的苦衷,老师告诉他:"实践出真知。应该多去病房里看病人,不管是不是你分管的。在看的时候,要注意分析病情,拿出治疗方案,再对照老师或者分管医生的处理方案,在对比中提高自己。"

"我也注意过,但不明白老师为什么要那么处理。"

"遇到不理解的问题,可以随时记下来,随时提问。"

从这之后,黄克清按照老师的教导,随身带着个小本子,把学习、实践过程中遇到的问题记下来,随时请教老师或其他医生。由于不断地发现问题、分析问题、请教问题、解决问题,他进步很快,基础理论水平和临床实践能力都得到很大的提高。

有一次,王忠诚要做一例桥小脑角肿瘤手术,让黄克清做助手。王忠诚一边操作，一边给他讲解："不要太用力，手指头移动的时候，肿瘤和脑组织自然就分开了。手上碰到的东西，可能会是血管，注意别弄断了……"手术过程中，由于岩静脉断裂出血，颅内压迅速增高，小脑向外膨隆。情况危急，王忠诚却很沉着，有条不紊地止血，细心切除肿瘤，手术获得了成功。手术结束后，王忠诚告诉黄克清："在切除颅内深部肿瘤时，如遇出血，切不可把吸引器退出，否则将引起急性脑膨出，进而导致严重的后果。"黄克清牢牢记住了老师的话，并在以后遇到类似情况时进行了妥善处理。

慢慢地，黄克清进入了学习状态，从清晨到深夜不停地学习，神经一直高度紧张。这时，王忠诚又从另一个角度关心他了："小黄，要注意劳逸结合哟！"

"您不是教导我，要比别人更努力吗？"

"身体是革命的本钱，可不能把身体累垮了。"说着，王忠诚从口袋里掏出一张文艺演出的票："今天晚上有个演出，你跟我一起去看吧！"

"我就不去了，还要抓紧时间看一本外文资料呢！"

王忠诚把票塞到他手里："书要读，演出也要看，有什么问题我们还可以在路上交流一下。"

黄克清跟着老师去看演出，在路上又聆听了老师的教诲，真是一举两得。

1959年春节，王忠诚组织全科医护人员一起包饺子，把进修学员也都叫了去。他们边包饺子边说笑，无拘无束，其乐融融，过了一个愉快、祥和的春节。多年以后，黄克清总会想起这个春节，想起和王忠诚老师在一起的日子。

除了黄克清,同一期进修班的刘迪也对王忠诚的教诲印象深刻。刘迪来自黑龙江省立医院,后来任该医院专家办公室主任、神经外科主任医师、教授。

"他发现我和黄克清医师勤学好问,就让我们俩每天早晨参加放射科的读片会,让我们受益匪浅、永生难忘。"刘迪说。

1959年神经外科进修班的刘学礼说:"在讨论疑难病例和查房中,他总是尊重其他专家的意见,听取各级医师的看法,运用各种检查手段,最后得出正确的诊断结果。这种做法后来成为我给病人下诊断一贯遵循的原则。"

1960年神经外科进修班的王宪荣说:"那年夏天,我不幸扭伤腰部,患椎间盘突出,他对我非常关心,亲自找人联系医生给我推拿,让我住在病房休息。后来,他又送我到北京军区总医院手术,住院一个月康复后,他还特地给我辅导学习,现在想起来都非常感动。"

1963年神经外科进修班的宋家仁说:"我第一次做脑瘤手术,是在他的亲自指导下做的。脑瘤切除要用手指头抠,怎么使劲,用多大的劲,怎样才能少出血,少损伤脑组织,我都是心中无数,查书本也查不到。在手术过程中,他详细地给我讲了他的经验和体会,解答了我的疑问。我按着他的讲解一步步操作,顺利地做完了第一次脑瘤手术。"

在那个时代,活跃在国内神经外科领域的很多知名专家,都接受过王忠诚的指导和帮助,从而提高了专业技术水平。

在带学生的过程中,王忠诚刻苦钻研,勇于创新,自己的业务能力也得到了很大的提高,尤其是脑血管造影技术日臻炉火纯青。

很多医生在他这里受益,但受益最大的还要算病人,很多原本"不适合手术"的病人得以手术,很多处于绝境的病人获得了新生。小学教师乔芝华就是其中的一个。

1963年8月5日,王忠诚正在门诊坐诊,一位年轻漂亮的女孩坐在了他面前。她的眼睛睁得大大的,像是在寻找什么,却空洞无神,可以看出她已经失明了。

陪同的亲属向王忠诚介绍了女孩的情况。女孩叫乔芝华,这年22岁,是内蒙古自治区巴彦格勒盟后旗同义隆小学的音乐教师。年初她开始感到头痛,两眼看东西模糊,渐渐地什么也看不到了。他们去医院看过,被告知可能是脑瘤压迫了视神经,但没有办法治疗。于是,在当地医生的推荐下,他们来到了宣武医院。

"我的眼睛还能重新看到东西吗?"乔芝华问。

王忠诚听出了病人语气里渴求复明的焦急,但他没做检查,不敢给她肯定的答复,只好说:"我们会尽力的。"

王忠诚认真地给乔芝华做了检查,初步诊断为颅内蝶鞍部(颅腔底部的中心点)肿瘤压迫了视神经,从而导致双目失明。这个部位的肿瘤一旦引起失明,说明视神经受损严重,原则上是不适合手术的,何况她已经失明了一段时间。王忠诚心情很沉重,不觉叹了一口气。

"大夫,请您一定想办法治好我的眼睛,我还要教孩子们念书呢!"乔芝华恳求道。

陪同乔芝华的是她刚结婚不久的爱人,听乔芝华这么说,他赶紧解释说:"芝华出身于贫苦的农家,祖祖辈辈没人上过学,新中国成立后,我们那里办起了小学,她13岁才有机会读书,后来考上了师范学校,加入了共青团。去年,她师范毕业后,怀着满腔热情回到家乡农村的小学,决心献身农村教育事业,却不料工作还不到半年,眼睛就出了毛病……"停了停,他也和妻子一起恳求王忠诚,"您一定要想办法救她!"

王忠诚不知该怎么回答,只好抱着一线希望检查她的视神经。他意外地发现,她的视神经萎缩得还不算特别厉害,如果马上手术,还有复明的可能。于是,他果断地对乔芝华说:"现在就收你住院,我们一定尽力治好你的眼睛。"

这时的王忠诚已经是宣武医院神经外科的副主任,还兼任着北京市神经外科研究所的副所长,说话的分量已经不同于一般医生,因此不能随便说话。但是,他看到一位年轻漂亮的农村小学女教师双目失明,心里很不是滋味,便不考虑过多,果断地收病人入院。

当然,王忠诚的决定也不是盲目的。此前,他已经做过几例蝶鞍部肿瘤手术,术后患者的视力均有所好转,他还写了一篇题为《蝶鞍部巨细胞瘤》的论文,发表在1958年的《中华神经精神科杂志》上。

蝶鞍部肿瘤的手术要求比较高,术前要经过10多项复杂细致的检查,检查中任何细微的疏忽都可能影响手术效果。平时,这些检查至少要用3天才能做完,为了抢时间,王忠诚和住院医生杨炯达一起,当天就把所有的检查做完了,包括脑血管造影检查。

8月6日,王忠诚一大早就来到病房,又一次给乔芝华做了细致的检查。随后,他召集科室的所有医生一起会诊讨论,决定立即实施手术。

乔芝华听说马上要动手术，又犹豫了。她担心自己下不了手术台，强烈要求术前见一见爱人。王忠诚理解乔芝华的心情，果断地吩咐："赶紧把她的爱人找来！"

时间紧迫，科里的护士赶紧联系住院处，找乔芝华的爱人。可是，住院处只登记了他们老家的地址，并不知道他在北京的住处。医生又去问乔芝华本人，她也只知道她的爱人住在农民服务所，但不知道具体地址。北京有好几个农民服务所，去哪里找呢？没办法，他们只好一个个打电话去问。打了十几个电话，终于找到了她的爱人。

一番折腾，耽误了不少时间，手术只能拖到8月7日。

8月7日早晨，王忠诚做好了手术前的准备，进了手术室。刚要开始手术，他突然接到通知，外院有个急重病人，请他立即去会诊。没办法，他只好让主治医生陈炳桓主刀。

手术很成功。

王忠诚回到医院，立即去病房看望乔芝华。他拿着手电筒观察乔芝华的瞳孔，乔芝华已经能够看到手电筒的光亮。他知道，这个小学教师可以重见光明了。

果然不出王忠诚所料，两周之后，乔芝华的视力基本恢复了正常，看书看报写东西一点也不觉得吃力。

乔芝华得救了。她万分感激宣武医院神经外科的医护人员，尤其感谢科室的负责人王忠诚。她知道，她的手术最后并不是王忠诚做的，但她也知道，是王忠诚的认真检查、准确诊断和救治决心，才让她重见光明。

即使是手术小组的几个医生，也不否认王忠诚在这个手术中的功劳。因为,正是王忠诚的脑血管造影检查,为手术起到了至关重要的引导和定位作用。

这时,王忠诚的脑血管造影术已经很成熟,但他仍在不懈追求,仍在不断摸索和完善,并渐渐形成了理论。于是,他产生了写一本学术专著的念头。

1963年,38岁的王忠诚开始写书,写一本名为《脑血管造影术》的学术专著。

从1953年那个夏天开始,王忠诚从事这项研究已经超过了10年,已经摸索出一整套有关这项技术的操作经验,并得到了临床实践的检验。10年间,他先后写了几篇论文,想把这项技术介绍给全国的同行,但总觉得还没说清楚,于是便决定写这么一本书。

这时,王忠诚不仅是宣武医院的主治医师,需要在临床为患者看病、做手术,还是研究所和科室的主要负责人,需要做大量的管理和教学工作,实在是太忙了。但是,再忙他也要抽时间写,而且还要边研究边写。

盛夏的一天中午,天气晴朗,太阳像一个巨大的火球,把无限的热量洒向大地,也洒在宣武医院神经外科实验室的门前。王忠诚穿着一件白背心,汗流浃背地顶着大太阳走来,他要利用午休的时间,研究血管穿刺的一个细节问题。

他突然感觉有些头晕,但并没有在意。因为,他从中学到大学都是体育骨干,长跑、游泳、打球样样精通,身体素质一直不错;再者,前段时间也出现过这种情况,他怀疑只是累了,休息休息就好了。可是,这次头晕与以往不同,休息了一会也不见好,而且越来越严重,竟然发展到天旋地转的程度。

"王主任,您怎么了?"实验室的护士惊问。

"王老师,您是不是太累了?"进修医生上前扶住了他。

作为一名医务工作者,王忠诚知道,这绝不仅仅是累的缘故,很可能跟大量照射 X 线有关。他以前的同事方都医生几年前就查出得了"放射病",已经无法正常工作了,所以他有这种担心。

进修医生扶着他去了急诊,急诊医生给他做了常规检查,结果显示:体温升高到 38℃,白细胞数反而降低,只有 4000 左右。大家都知道,这不是一般的炎症反应,因为炎症反应白细胞数应该是升高的。也就是说,他的担心变成了现实。

长达 10 年的脑血管造影研究中,他到底"吃"了多少射线,可以说无法估量。起初在天津总医院时,射线防护设备很差,连基本的铅围裙都不够用,在给病人做检查时,他经常完全暴露在射线中。后来条件好些了,他的研究也进入临床实验阶段,为了照出准确的图像,他必须站在病人旁边注射造影剂,和病人一起"吃"射线。助手们也曾提出让他躲射线,但造影剂在脑内停留的时间很短,必须抓紧时间拍片,根本来不及躲。10 多年来,他收集了 2500 多张 X 光片,其中大部分是他经手做的,由此可以推算出他"吃"了多少射线。

放射线对人体的危害,当时认识得还不够全面,但至少可以知道它会导致血液白细胞下降,导致抵抗力下降,有些人会出现脱齿、脱发,甚至引发白血病。

王忠诚的白细胞数降到了 4000,意味着身体的抵抗力降低了一半,随时可能遭到多种疾病的侵袭。医院领导知道后,建议他放下手头的工作,好好疗养一番,但他拒绝了。他要尽快把手头的书稿写出来,为中国的神经医学界提供一部脑血管造影的教材。

这年秋天,随着气温渐渐降下来,正如预料的一样,王忠诚的抵抗力已经抵御不了病魔的入侵。他先是患了感冒,又得了咽炎,后来又转化为气管炎和肺炎,轻度发烧一直困扰着他,白细胞数量始终上不去。医院多方努力为他治疗,他自己也想了很多办法,但一病未好,一病又起。有一次,他的肺炎特别厉害,两侧肺叶均有炎症,两侧胸腔都有积液,呼吸困难,咳喘严重,差一点儿失去生命。

就是在这种情况下,他仍然坚持着写作。

秋去冬来,他的付出终于换来了丰硕的果实,《脑血管造影术》的初稿完成了。

1965年,人民卫生出版社出版了《脑血管造影术》。

这本书的出版,填补了我国神经外科专著的空白,对提高我国神经外科诊断水平起到了重要作用,标志着我国神经外科诊断研究跨上了一个新台阶。后来,这本书获得了"全国科学大会奖"。

这本书的出版,给王忠诚带来了极高的声誉,也奠定了他在我国神经外科学界的地位。

这一年,王忠诚刚好40岁,

《脑血管造影术》1965年版封面

进入不惑之年。可是,不久后发生的一切,却让他看不懂了。

1966年,"文化大革命"开始,神经外科研究所被解散,他和另外两名同事被戴上了"反动学术权威"的帽子,被诬蔑为宣武医院的"三家村"。

提起"三家村",经历过"文化大革命"或者对"文化大革命"的历史有所了解的人都知道,那是"文化大革命"初期一场文字狱的代称。因邓拓(北京市委副书记)、吴晗(北京市副市长)、廖沫沙(北京市委统战部部长)三人合作在《前线》杂志开辟了一个叫"三家村札记"的专栏,遂被称为"三家村",后来被认定为"反党集团"。于是,全国各地掀起了揪"三家村"的浪潮,斗争矛头指向领导干部和知识分子,很多单位都要揪个"三家村"出来,否则就是"不抓阶级斗争"。

在这种背景下,王忠诚和同事陈炳桓、白广明"有幸"被推到了风口浪尖,成为了宣武医院的"三家村"。

既然三个人是被"绑"在一起的,就有必要在这里介绍一下另外俩人,他们也都是中国神经外科发展历史上不可或缺的重要人物。

陈炳桓出生于1927年,比王忠诚小2岁,1946年考入北京大学医学院,与王忠诚是校友。毕业后,他留校从事教学管理工作。1954年底,北医组建神经外科,他成为首批被选中的6个人之一。

在赵以成教授和苏联专家的指导下,陈炳桓很快就掌握了神经外科诊疗的常规,并从做助手起步,学会了很多神经外科的手术。在掌握了基础知识和基本技术后,他还结合临床工作,

开展了相关的科学研究。

为了解决脑水肿、肿胀病人因颅内压增高而死亡的问题,他苦心钻研尿素的应用,取得了较好的疗效。后来,他又转而研究听神经瘤切除手术影响面神经的问题。在摸索中,他悟出了门道,在手术前,先找到面神经,相对保护起来,从而有效防止了对面神经的伤害。1963年2月,北京市政二公司的工人崔珍茂患了右侧听神经瘤,他成功地为其切除了肿瘤,术后患者的面部表情和眼睛闭合都没有受到影响。

1966年,他和王忠诚一起被打成"反动学术权威"时,确实已经是科里屈指可数的权威之一。

后来,陈炳桓成长为一名功能性及立体定向神经外科专家,擅长治疗任何部位、性质、大小的颅内肿瘤和颅内动静脉畸形,以及癫痫、疼痛、运动障碍和其他疑难神经外科疾病等,尤其是在双侧听神经瘤一次全切并保留颅神经和癫痫外科治疗的改进等方面,都有很高的水平。他研制的立体定向放射外科手术台获得国家专利。

值得一提的是,陈炳桓不仅是一名出色的医学专家,还是一位多才多艺的"文化人"。他在北京医学院学习期间,曾经创作了校歌《北医之歌》,永留北医史册。在宣武医院,他也经常组织文娱活动,并亲自创作了歌曲《宣武医院手术室夜晚的灯光》。这首脍炙人口的歌曲,令当时每一个宣武人动容,而他不仅是这首歌的作词、作曲者,还在演唱时担任指挥或钢琴伴奏。

2000年12月18日,陈炳桓在北京病逝,享年73岁。

白广明出生于1927年9月5日,也比王忠诚小2岁,也是王忠诚的北医校友。1954年大学毕业时,他曾写下了支边申请书,要求分配到最边远、最艰苦的地方。后来分配时留在了北医第一附属医院外科,他还去找过领导,领导告诉他:"留在北京是到新创建的神经外科工作,填补祖国医学的空白点,任务更艰巨、使命更光荣。"他这才愉快地接受了分配。

北医组建神经外科时,他也是第一批来到这里,接受了赵以成教授和苏联专家的培训和指导。和陈炳桓一样,他也在临床工作的基础上搞科研,积极开展了三叉神经手术的研究。他把颅骨正放、侧放、斜放,训练自己分辨三叉神经的能力,他还用厚纸蒙在颅骨上,用针来扎三叉神经,再揭开纸看针头是否扎在孔内,从而练就了精湛的手术技能。

1962年6月,神经外科成立了四个专业组——脑瘤组、小儿组、外伤和血管病组、脊髓和疼痛组,白广明具体负责小儿组(王忠诚负责的是脑瘤组)。从此,他便把科研方向转到小儿神经外科,成为我国小儿神经外科的创始人之一,并在这一领域取得了很大成就。

1979年12月5日,白广明因病去世。

"三家村"被隔离审查后,都不得不离开临床,承担起扫地、刷厕所等任务,有时还要接受批斗,还要不停地写检查,身心遭受了长时间的折磨和摧残。

身陷囹圄,王忠诚想到的不是自己的安危,让他忧心忡忡的是刚刚起步的中国神经外科事业。包括赵以成教授在内的很多专家都靠边站了,一批只有革命热情没有实践经验的"闯将"们走上手术台,这样下去怎么行呢?

第五章

十年磨一刀

1966年深冬的一天,王忠诚和几位"反动学术权威"正在打扫卫生,突然听说手术室里出了情况。他二话没说,放下手里的扫把,就往手术室跑去。

手术室里,一个听神经瘤患者躺在手术台上,出血不止,助手位置上的几名年轻医生和护士都面面相觑、不知所措,而主刀的位置已经不见人影。

主刀的医生是一位年轻的"造反派",不知是操作失误还是技术本来就不过关,手术做到一半,就出现了意外情况。患者大出血,怎么也止不住,生命危在旦夕。这名主刀医生看情况不妙,就放弃了治疗,甩手走了。

人命关天,必须立即抢救。王忠诚顾不上造反派对他的禁令,迅速消毒、穿衣,走上了手术台。他镇定地找到了出血部位,快速进行了止血,然后拿起手术刀,继续手术。助手们默默地配合着他,手术成功,一个生命得救了。

王忠诚走下手术台,面临的将是被批斗、写检查。因为他已经被剥夺了拿手术刀的权利,未经允许不能上手术台。

"救死扶伤是医生的天职。"王忠诚说。

"穿着白大褂,能见死不救吗?"王忠诚反问。

"毛主席教导我们,学习白求恩,实行革命的人道主义。"王忠诚又说。

王忠诚搬出伟大领袖,医院领导和"造反派"都没话说了。不仅如此,医院领导还从王忠诚的话里得到启示,即必须加强医院的业务工作,强化"救死扶伤"的职能。

从那以后,王忠诚虽然还是批斗对象,却可以一定程度地参与临床工作了。出于一名医生的责任心,他总是千方百计地想办法为病人看病,积极争取机会为病人做手术。

后来,运动进一步发展,王忠诚由"反动学术权威"变成了"资产阶级保皇派",仍然被批斗,仍然写检查,但实际地位有所提升。医院考虑到业务建设需要,"保皇派"也被允许进入临床,而且专门划定了"保皇派"病房,他又可以光明正大地回神经外科上班了。

这时,王忠诚迎来了一个特殊的病人。

1969年4月中旬的一天,王忠诚出门诊,一位40岁左右的中年妇女走进诊室。

这个中年妇女面容憔悴,步履蹒跚,王忠诚觉得好像在哪里见过她。他努力回忆,终于想起了这名他曾经救治过的患者,

甚至想起了她的名字。

来人叫顾显云，四川人，6年前因剧烈头痛在当地医院检查，怀疑是肿瘤，被推荐到宣武医院神经外科找他。当时，王忠诚的脑血管造影术已经研究得很成熟，便立即给她做了检查。检查发现，她患的是"三叉神经纤维瘤"，而且肿瘤很大，位于脑干旁边，因紧贴着脑干，手术很难做。考虑再三，为了救她的命，王忠诚还是给她做了手术，只是做得不太彻底。依当时的条件，手术没法做彻底，否则她很可能下不了手术台，更不可能有再来看病的机会。如今，顾显云又来了，说明当时没有摘除干净的肿瘤又生长了，导致了她的病情复发。

想到这里，王忠诚站起身来，热情地打招呼："你是顾显云同志吧？"

顾显云也认出了王忠诚，眼泪顿时就流了出来。"王大夫，您还记得我呀？"

"记得，记得。6年前我给你做的手术，怎么会不记得？"

"王大夫，您真是好记性，竟然还记得我一个病人。"顾显云激动地说。

王忠诚看她一个人前来，突然想起了她的丈夫朱国平，便问："老朱同志好吗？怎么没跟你一起来？"

"唉！他来不了了……"顾显云似有难言之隐，欲言又止。

王忠诚知道，朱国平是一名老干部，很可能在运动中受到了冲击。既然顾显云不愿说，他也不便再问。于是，他言归正传："你来找我，是不是手术后复发了，病情又加重了？"

顾显云点点头，然后把病情的发展和自己的情况说了说。

"这次，我再给你做手术，争取根治。"王忠诚说。

王忠诚说得胸有成竹,因为这6年来,他一直没有忘记这个做得不彻底的手术,一直在摸索和研究这个病的手术根治办法,而且自信有很大的把握。

顾显云又一次躺在了手术台上,王忠诚再一次亲自给她做了手术。

这一次,手术很成功,顾显云头部的肿瘤被全部摘除,她很快就康复出院了。

出院这天,顾显云郑重地声明:她要改名。为了感谢王忠诚给了她第三次生命,也为纪念碰上王忠诚这样的好医生实乃"三生有幸",她改名为"顾三生"。

顾三生的第三次生命比很多人预料得都要长。30多年后,人们在北京市神经外科研究所组织的一个会上又看到了她。那是首都卫生系统学习王忠诚事迹的座谈会,70多岁的她风尘仆仆地赶来,就是为了给世人一个见证——"我是王忠诚医术的活标本"。

顾三生手术30多年后,身体硬朗、精神矍铄,让王忠诚和在座的专家们惊喜不已。

1974年春天,王忠诚随宣武医院医疗队下乡送医送药,来到怀柔县长哨营公社。这里比较偏僻,交通不便,医疗队从北京出发,走了大半天,快天黑时才到了长哨营。

刚到公社,王忠诚就听到一个消息,这里刚发生一起车祸,一名大学生在车祸中受伤,头部出血,送到公社卫生院时已经生命垂危。

王忠诚立即投入紧急抢救,诊断伤员是严重的颅脑外伤,颅内有血肿,必须立即施行开颅手术。然而,卫生院没有神经外科的器械和设备,他们出来时也没有随身带,怎么办?

情急之中,王忠诚灵机一动,想到用齿科器械替代神经外科器械,大概也可以做手术。顾不上多想,他便果断让人把齿科器械找来,开始做术前准备。

手术进行了一个多小时,清除了颅内血肿,可王忠诚还是不放心,一直守在伤者的病床边,细心观察。伤者起初昏迷,清醒后又异常兴奋,他及时给伤者施行腰穿,调整用药,使伤者度过了危险期。

一周后,伤者逐渐康复,顺利出院。这时,王忠诚又和医疗队其他队员一起,离开公社驻地,走进山区的偏远乡村,给贫下中农和军烈属送医送药去了。

这个春天,王忠诚走遍了长哨营公社的每一个村,访问了公社的每一个军烈属,为他们送去了温暖,送去了健康。

王忠诚不仅随医疗队下乡,还经常独自走进病人家庭,送医送药。

在"文化大革命"那个特殊时期,大多数受冲击、被打倒的人都没有地方看病,医院不愿担政治风险,医生也避之不及,很多患者的病无法得到及时有效的治疗。王忠诚对这种情况忧心忡忡。他觉得,医生的使命就是救死扶伤,不应考虑个人的身份地位,更不能与政治挂钩。因此,为了治病救人,他常常不怕政治风险,不计个人得失。

全国总工会有一个姓刘的干部,因听神经瘤在宣武医院做了手术。术后,医院领导考虑他是被打倒的干部,担心住在医院夜长梦多,便勒令他提前出院。出院时,患者的手术刀口还没有完全愈合,随时可能化脓感染,一旦化脓,后果将不堪设想。

王忠诚看在眼里,急在心里,但他无权留下患者,怎么办?他查看了患者病历,找到了患者的家庭地址,下班后骑上自行车去了患者家。他带着简单的器械和药品,在患者家里给他换药,解除了患者的感染风险。

宣武医院离患者家有20多里,王忠诚骑自行车要走近一个小时。每次骑到患者家,都是汗流浃背,但他一直坚持着,没有一天间断。有几次,自行车在路上坏了,他就推着自行车走到患者家,感动得患者及其家人热泪盈眶。

一个月后,患者的刀口长好,恢复了健康。患者本人及全家都感激不已。

多年后,这位姓刘的干部仍念念不忘这件事,不止一次提起:"如果不是王忠诚冒着风险到我家帮我治病,我绝对活不到今天。"

在那些日子里,虽然王忠诚想方设法救了很多人,却没能救得了自己的恩师。1974年9月,赵以成教授因病逝世。

赵以成教授的病,早在1969年便有了明显的症状。但是,当时赵教授也和王忠诚一样,被打成了"反动学术权威",排便梗阻及便血等症状出现时,他还得继续参加扫厕所、扫烟道的劳动,没能得到及时的诊治。1970年,赵教授症状加重,他悄悄到外院做了检查,被确诊为直肠癌。

这个检查结果,对赵教授的夫人汪培娲来说犹如晴天霹雳。她找到单位当时的负责人,要求安排赵以成住院治疗,但一直没得到落实。万般无奈之下,她辗转找到了周总理,请求总理帮忙。周总理立即指示有关单位和部门，及时安排赵以成住院治疗。这样，赵以成才住进了北京日坛肿瘤医院。当时，日坛肿瘤医院的党委书记是李冰（李克农将军之女），赵以成曾经给李克农做过手术，后来又成为好朋友，李冰全家都对赵以成心存感激。因此，赵以成住院后，李冰亲自坐镇，安排最好的医生为他手术。

手术后，医院又给赵以成做了放疗和化疗，病情得到了暂时的控制。身体虚弱的赵以成早已将生死置之度外，他一心想着中国脑外科的发展。他看到日坛医院还没有脑外科，就向院领导建议，趁他在此住院，可以带几名脑外科医生，为医院培养一些专业人才。

王忠诚来日坛医院看望老师，得知老师带病帮助医院筹建脑外科后，深为感动。他想：老师在这种情况下还念念不忘脑外科事业，我们这些年富力强的人，是不是应该担起更大的责任呢？在老师的感召下，他全力支持和配合老师，在老师住院期间帮助日坛医院筹建起了脑外科。

1974 年 9 月 21 日，赵以成与世长辞，享年 67 岁。

赵以成逝世前，把神经外科发展壮大的希望寄托到了王忠诚身上，对王忠诚提出了殷切的期望。

王忠诚牢记恩师的教诲和重托，对神经外科的发展进行了战略思考，规划了发展纲要。他觉得，首先必须有个基地，有一定的硬件条件，还要有政策支持。于是，他向北京市领导和有关部门提议，希望建一座大型的现代化神经外科医院，作为神经外科的科研和治疗基地。

这是一个远大的志向，是一个伟大的战略构想，对中国的神经外科发展有着极其重要的意义。

王忠诚提出了申请,又四处奔走,寻求有关部门的支持和帮助。当时"文化大革命"虽然还没结束,但相关领导认可了他的提议,只是由于很多客观因素,王忠诚的战略构想一直没能实现。

硬件设施上不去,王忠诚并不气馁,他把工作重心转到钻研医疗技术上,向一个个未知的领域展开艰苦的探索。两年之后,他的手术刀伸向了一个重要领域。

1976年底,王忠诚从文献上看到,美国和瑞士的医生用神经显微外科手术成功地完成了小脑血管吻合术,他欣喜不已。他认为,这种手术创面小,恢复时间短,患者痛苦小,如果学会了,可以更好地为患者服务。于是,他决定把这一课题列为自己的攻关项目。

为了钻研这项技术,他先后找来小白鼠和兔子,在白鼠颈部和兔子耳朵上做实验,切开、吻合它们的血管。半年多时间,他不知做了多少次实验,终于初步掌握了显微镜下吻合血管的技术。

1977年秋,一位工人因头痛、头晕、左半身麻木入院,王忠诚为他做了详细的检查。检查发现,患者脑椎－基底动脉供血不足,最好的办法是手术治疗。可是,这不是一个简单的手术,必须把患者的枕动脉与小脑后下动脉吻合起来,改变脑干的供血渠道,才能使脑干的血液充足,达到治疗的目的。这种手术在当时是一个高难度的手术,要用很细的针把两根直径不到1毫米的血管接起来,国内没人做过,也没人敢做。

要想治好这种病,没有其他办法,王忠诚决定手术。他亲自制订了手术方案,反复研究手术中可能出现的问题,并在动物身上反复实验,直到胸有成竹才走上手术台。

当时,医院还没有电子显微镜,手术只能在10倍的光学显微镜下展开。这种显微镜视野很小,和一个火柴盒差不多,操作的部位又比较深,难度比想象的更大。手术开始了,王忠诚坐在手术凳上,用头发丝一样细的缝合针,在薄如蝉翼的血管壁上操作。血管很滑,且极易破裂,稍有不慎,就有可能把血管扎坏,拿针的手不能有一丝的颤抖。他全神贯注,憋住气,轻巧、准确地进针,小心翼翼地打结,每缝一针都要花上近一个小时。

王忠诚患有腰椎间盘突出症和肩周炎,长时间保持一种姿势悬腕缝合对他是一个挑战,但他坚持着。一个小时过去了,又一个小时过去了,一针又一针,他一共为患者缝了10针,时间过去了11个小时。缝完最后一针,王忠诚的腰已经僵直了,双脚也已经肿胀得发了紫,只能靠助手的搀扶才艰难地走下手术台。

11个小时的奋战,王忠诚创造了一项国内第一,取得了神经显微外科手术的宝贵经验,为该项技术在国内的普及奠定了基础,给无数脑血管病患者带来了希望。如今,神经外科医生基本上在用显微镜做手术,显微手术使动脉瘤的手术死亡率由10%降至2%以下,被称为"中国神经外科技术上的一次革命"。

此后,王忠诚在神经外科学术界大力提倡使用这项新技术,他亲自编写了《显微神经外科技术训练教程》,培养显微外科人才。后来,他还组织举办了无数次各种类型的显微神经外科学习班,来自河北、河南、山东、广东等20多个省市的神经外科医生接受了培训,熟练地掌握了这项先进技术。一支支神经外科技术队伍分散到全国各地,使我国的显微神经外科技术得到了快速地推广和发展。

前面说过,王忠诚有一个远大的志向,一直没能实现。但他并没有放弃,而是在等待转机。

转机出现在1978年。

1978年3月下旬,中共中央、国务院在北京隆重召开了全国科学大会。在有6000人参加的开幕式上,中共中央副主席、国务院副总理邓小平作了重要讲话,号召"树雄心,立大志,向科学技术现代化进军",方毅副总理作了有关发展科学技术的规划和措施的报告。会上宣读了中国科学院院长郭沫若的书面讲话:《科学的春天——在全国科学大会闭幕式上的讲话》,先进集体和先进科技工作者受到了表彰。

王忠诚作为北京医学界的代表出席了这次盛会,并在会上获得了"全国科学大会先进工作者"的称号。他的专著《脑血管造影术》一举获得了"全国科学大会奖"。

他清晰地听到了邓小平在大会上的讲话,听到了"现代化的关键是科学技术现代化""知识分子是工人阶级的一部分""科学技术是生产力"等著名论断和观点,茅塞顿开。他觉得,小平同志的讲话澄清了长期束缚科学技术发展的重大理论是非问题,打开了长期禁锢知识分子的桎梏,对科学的发展将有巨大的推动作用。同时,他也隐约看到了希望,看到了建设一座专科医院的希望,看到了神经外科大发展的希望。

果然不出王忠诚所料,在这个科学的春天里,北京市神经外科研究所也和众多科研机构一样,开始了重建。作为宣武医院神经外科主任的王忠诚,被任命为神经外科研究所的所长。

重新当上所长的王忠诚意气风发,立下了雄心壮志,制订了宏伟目标,准备在中国打造一所亚洲乃至世界最大的神经外科中心。然而,刚刚重建的研究所的情况却不容乐观。人员大部分流失,设备早已陈旧或报废,要发展成世界最大最好的研究所,谈何容易。

首先是人员问题。王忠诚想把解散的科研人员重新组织起来,却遇到了困难。他一个个找,有的找不到了,有的对科学研究心有余悸,不愿回来。他磨破了嘴皮,只请回了很少一部分。另外就是设施设备,他想买最好的,但钱却要得不容易。他不断向各级领导请示汇报,一次次找上级机关,才勉强添置了一些设备。

那段日子,王忠诚既要完成宣武医院神经外科的医疗任务,又要负责研究所的重建,几乎没有节假日。研究所开展工作后,他又一头扑进科研中,一心想把过去几年浪费的时间补回来。

王忠诚主持神经外科研究所的工作后,取得了一些看得见、摸得着的成绩,但他并不满足。他觉得,如果硬件设施能够再好一些,仪器设备再齐全一些,肯定可以出更大的成果。在科研和临床实践过程中,他那个远大的志向始终没有改变,一有机会,他就千方百计去争取。

"世上无难事,只怕有心人。我就不信,偌大个中国,还建不起一座世界一流的神经外科医院?"王忠诚经常这样自言自语。

1978年冬天,王忠诚冒着严寒,不断奔走于国家计委、卫生部和北京市政府等相关单位和部门之间,呼吁在北京建一所具有世界水平的神经外科医院。国家计委副主任房维中被他的宏伟计划打动了,北京市常务副市长白介夫被他锲而不舍的精神感动了。于是,建立一所神经外科医院被正式列入国家重点建设计划,并于年底下达了相关文件。

第六章

为了学科的发展

1978年底,建立神经外科医院被列入了国家重点建设计划,但项目的实施并不是一帆风顺。

作为北京宣武医院的院长,王忠诚的原计划是在宣武医院的基础上扩建,而北京市卫生局领导却有另外的想法。他们觉得,宣武医院的占地面积较小,扩建存在一定的困难,而当时的崇文区没有一所大型综合性医院,便想利用这一建设项目,在北京第二医学院附属崇文医院的旧址上,建设一座以神经外科为主的市属综合性医院。

神经外科医院将落户天坛,王忠诚起初并不是没有想法,但他经过短暂的思想调整,还是接受了这个现实。他想,只要是有利于神经外科事业的进步,有利于学科的发展和病人的需要,这座医院在哪里建设似乎并不重要。经过实地考察后,他的观念完全转变过来,并由衷地佩服起领导们的眼光和决策。这个地方不仅地域开阔,还与北京的标志性景点天坛相邻,可以说是一块风水宝地。王忠诚惊叹,神经外科医院建在天坛附近,的确比建在宣武医院更合适。

　　王忠诚的观念转变了,但宣武医院的有些领导还是接受不了。他们从宣武医院的利益甚至个人利益出发,考虑到人员的去留、科研资料的归属等许多问题,对建设天坛医院加以阻挠和干扰,甚至对王忠诚进行个人攻击。一时间,王忠诚承受了多方面的巨大压力。

　　压力有时候与动力是成正比的。在巨大的压力下,王忠诚不但不改初衷,心中的信念反而越来越坚定,干劲也更大了。他四处奔走,积极促成神经外科医院的建设。经过北京市卫生局和国家卫生部、国家计委协商,市卫生局制订了具体的建设方案,医院终于得以开工建设。

　　1980年动工的那一天,王忠诚出席了奠基仪式。随后,他就把自己的铺盖搬了过来,全身心地投入到医院的设计和施工中。他住在一间破旧不堪的小平房里,周边到处是杂草蚊蝇,环境和条件都相当差,但他毫不在乎,一直坚守。

　　王忠诚不懂建筑设计,但他有个总体想法,那就是"顺其自然的构型,合理的格局,既满足使用功能的需要,又具备现代化的特点"。按照建筑设计师何平喜的说法:"医院的建筑设计与饭店、公寓不一样,不能造成高大的体形。因此,天坛医院在设计上力求实用、线条简洁,既要方便患者治病,又要减少交叉感染,还要有利于医院的管理,同时又要在建筑造型上给人一种现代化新型医疗设施之感。"

天坛医院设计占地面积 85 000 平方米，总建筑面积 92 000 平方米，是国内唯一的一所以治疗研究神经外科为主的大型综合医院。主体建筑由门诊楼、病房楼、手术楼、放射楼、科研楼、教学楼及附属设施组成。由于靠近天坛公园，不能破坏天坛古建筑群的空间完整，设计上必须有新的突破，楼层不能超过 6 层。因此，总体规划采取了分数式布局，把两幢主体楼设计成两个"凹"形，坐东朝西，周围环绕小建筑，充分体现了现代精神和时空观念。设计师还吸取国外的先进经验，结合院址的实际情况，设计出了"地下环状主街"，用主街把门诊、病房、手术楼、科研楼及附属设施等有机联系起来，使各部既可"各自为政""自由发展"，又不影响医院的总体完整和正常运转。

医院原定投资 700 万元，但是，要建设一座现代化大型医院，这点钱远远不够。王忠诚只好一次次找有关部门申请追加经费，最后追加到 5800 万元。

开工后的某一天，王忠诚站在北京天坛公园南面的一片建筑工地上，看着热火朝天的施工场面，不由得心潮起伏。医院得以开工扩建，其中凝聚了他多少心血和汗水，只有他自己最清楚。当然，这些并不是他心潮起伏的原因，真正让他激动或担心的，是内心那个远大的志向如何更好地实现，脑海里那个宏伟的计划如何更好地实施。

那段时间，他几乎每天都要来工地看一看，用目光记录每一栋建筑的"成长"历程。

工地上开始呈现出医院建筑的雏形时，王忠诚按捺不住内心的激动，特意带着一些同事来观摩。他指着那些建筑的雏形，兴奋地向同事们介绍："那边是主楼，这边是神经外科研究所，靠近门口的是门诊楼、辅诊楼，建成以后，我们的硬件条件会有很大的改善，最起码在亚洲是最好的。"

"那我们的设施设备是不是也要更新？"

"当然。我打算按照国外最先进的神经外科模式来建设，手术室装备必须是一流的，研究所必须拥有世界最先进的仪器设备。"

"太好了！那我们的神经外科在世界上就有一席之地了。"

"是啊！中国的神经外科不能永远处在落后局面，我们这代人如果不奋起直追，以后没法向子孙后代交代。"

王忠诚和同事们看着远处的工地，兴奋地交谈着。他们的脑海里浮现出美好的蓝图，脸上露出会心的笑容。

医院和研究所的硬件开始建设了，软件也必须加强。王忠诚在关注着建筑工地的同时，始终没有放松科研和临床工作。1980年，他从战略发展和全局出发，把目光投向了神经系统疾病的流行病学研究，创建了全国第一个神经流行病学研究室。

20世纪80年代初，神经流行病学算是一门新学科，主要任务是研究神经系统病患的流行规律，找出预防措施。

为了引起大家对这门学科的重视，王忠诚特意写了一篇短文，发表在《健康报》上。他在文章中指出，神经系统疾病患者在我国逐年增多，但病因还不明确，应该通过流行病学调查，研究神经系统疾病在人群中的分布规律与动态特征，以及影响这些特征的危险因素，进行深入的病因研究，采取相应的预防对策，促使发病率下降。

经过一段时间的理论准备，王忠诚决定在北京进行一次神经系统疾病的流行病学调查。

王忠诚把流行病学调查的范围选在了市中心的西长安街地区,这一决定是经过慎重考虑的。首先,这个地区有比较健全的卫生保健组织,人群居住情况稳定,职业种类比较齐全,比较适合流行病学调查。其次,这个地区是北京市第二医院的心血管病预防区,寻求和第二医院合作,可以达到事半功倍的效果。

流行病学调查需要大量的人力物力,做起来很不容易,单靠刚成立的神经流行病学研究室很难完成任务。王忠诚又在医院其他科室抽调了一些人员,对他们进行了相关的培训,充实了力量。调查表没有现成的,他们就拿来世界卫生组织提供的英文样本进行译制,确保表格的规范。为了对脑血管病、癫痫的危险致病因素进行调查,他们还专门设计了一张重点病种复查记录表。

为了保证调查的可靠性,王忠诚和同事们经过反复研究,特意制定了统一、严格的诊断标准。总的要求包括三条:一是要有典型病史和体征,二是发病时有市级以上医院专科医生的明确诊断,三是经调查组神经科医生集体讨论或做一些必要的辅助检查后最后认定。

1981年5月,准备工作基本就绪,王忠诚和神经流行病学研究室的同事们开始了实践。他们采用随机抽样的方法,从19个居委会中选定了5个居委会,从45 325人中选定了11 493人作为研究样本,开始了挨家挨户的调查。

王忠诚亲自带领程学铭、李世绰、王文志等同事,在市二医院的配合下,拿着调查表走进了居民家中。经过认真细致的询问,辅之相应的体检,他们按严格的统一标准给每个接受调查的人填好表，一丝不苟，井井有条。

这项工作一直持续到 7 月，才算完成了家访调查，实际调查了 10 941 人，占应调查人数的 95%，占总研究人数的 24%。

随后，神经流行病学研究室的工作人员对调查结果进行了认真细致的讨论和分析。结果表明，在北京市西长安街地区，神经系统的疾病并非少见，总患病率超过了万分之五百五，疾病谱从高到低依次为：周围神经疾病、脑血管病、颅脑创伤、癫痫和颅脑肿瘤。其中，脑血管病的患病率虽然不是最高，但死亡率高达 0.296%，对人的危害极大。脑血管病的死亡率随着年龄的增长而增高，男性的死亡率略高于女性。脑血管病的致病危险因素主要有高血压、心脏病及遗传，在 154 例脑血管病例中，97 例有高血压病史，占到 63%。

癫痫是神经系统的常见病，被认为是一个"世界范围的公共卫生问题"。在抽样人群中，共发现 44 例癫痫患者，患病率千分之四，以儿童和青少年居多，高峰在 10~20 岁之间。对可能病因的调查表明，有 9 例属早产或难产儿，明显高于其他因素。

这次调查，首次对神经系统疾病在城市人群中的分布做了系统的描述，对脑血管病和癫痫的危险致病因素进行了探讨，为防治神经系统疾病提供了思路、方向和方法，一举获得"北京市科技进步三等奖"，并受到了世界卫生组织的关注和好评。

神经流行病学研究室首战告捷，在较短的时间内取得了突出的成绩，为我国在神经流行病学的研究发展做出了重要贡献。

王忠诚并不满足，之后不久，他又对《北京市西长安街地区居民神经系统疾病的流行病学调查》进行了扩展性研究。根据卫生部 1982 年重点科研课题计划和世界卫生组织的协作要求,由北京市神经外科研究所牵头,与长沙湖南医学院、成都四川医学院、广州中山医学院、哈尔滨医科大学、银川宁夏医学院协作,开展了北京、长沙、成都、广州、哈尔滨、银川等六城市居民神经系统疾病的流行病学调查。

调查方法仍然利用世界卫生组织提供的统一的调查表,在限定的样本人群中进行逐户家访调查。六城市框架人口共 940 372 人,整群随机抽样选取 65 067 人为调查样本,实际调查 63 195 人,占样本人群的 97.1%。本次调查对检测脑血管病、癫痫、脑瘤、偏头痛和锥体外系疾患等有高度敏感性,所有提示有神经疾患的阳性应答者,又都经过神经科高年主治医师检查才最后确定诊断。结果显示,六城市居民中各种神经疾病并不少见,患病率达到 5.4%,几种主要疾病的时点患病率及年龄调查率分别为:完全性卒中 620 与 719,癫痫 457 与 440,偏头痛 627 与 544,颅脑损伤 783 与 707。王忠诚还发现了一个很有意思的现象,北方比南方脑血管病患病率高,哈尔滨达到 1.23%,而广州仅为 0.39%,北京则比哈尔滨少,比广州多。此项调查,荣获"卫生部科技成果乙级奖"(二等奖)。

再后来,王忠诚又把调查范围扩大到全国 21 个省农村及少数民族地区,调查人群扩大到 30 余万人。这次调查,摸清了我国神经系统疾病的流行情况,首次获得了国内完整的神经系统疾病流行病学的科研数据,为国家制定卫生政策提供了依据,填补了国家在这方面的空白。这次调查的成果,再次荣获"卫生部科技成果乙级奖",受到了国际学术界的广泛关注和好评,世界卫生组织还专门派专家学者来到中国,与王忠诚进行交流。

在几次神经流行病学的调查过程中,研究所由宣武医院搬迁到了正在建设中的天坛医院。

1982年1月7日,经北京市政府批准,北京第二医学院附属崇文医院改名为"北京天坛医院"。3个月之后,天坛医院正式挂牌。

此时,天坛医院的建设工程已经有了很大进展,很多建筑已经矗立在人们的视野里。时值春季,天坛公园里到处桃红柳绿,一片欣欣向荣的景象。

在四月明媚的春光里,王忠诚决定搬家。他带领75名北京市神经外科研究所和神经外科医护人员,从宣武医院迁到刚刚挂牌的天坛医院,开始了新的征程。

这时的天坛医院虽然充满了生机,但各种设施还不完善,条件相对较差,说是一个大的建筑工地也一点不为过。神经外科研究所虽然迁了过来,但办公、生活都在简易的小平房里,医疗设备也十分简陋。一时间,同事们的牢骚声不断传出,有些朋友也担心王忠诚的宏伟目标无法实现。可王忠诚不以为然,他总是安慰大家说:"面包会有的,一切都会有的!不久之后,我们的研究所将是世界上最先进的研究所。"

王忠诚一面带领大家在简陋的条件下搞科研,在简易的手术室里做手术,一面继续奔走,寻求资金支持和帮助,以保证医院和研究所的建设能够有条不紊地进行。

就是在这种艰苦的条件下,王忠诚在实践中不断钻研,不断开拓新的手术领域,创造了一个又一个医学奇迹,填补了一项又一项医学空白。到 1982 年底,研究所已经有 23 项科研成果获得"全国科学大会奖"和"北京市科技成果奖"。其中,对脑电图的电子计算机分析、小鼠胶质母细胞瘤株的建立与传代、听神经瘤切除手术、射频机治疗三叉神经痛、垂体瘤的综合研究、血清垂体的放射免疫测定、垂体瘤组织培养过程中的内分泌素测定、垂体瘤超微形态观察、电子计算机断层扫描研究、微腺瘤的显微手术切除、溴隐亭治疗垂体瘤等,均已达到国内外的先进水平。

研究所取得了令人瞩目的成就,各国同行业机构和专家纷至沓来,国际间的学术交流活动十分频繁。世界卫生组织连续在这里举办了 3 次神经系统疾病与脑血管病讲习班,由近 10 个国家的专家给来自中国各地的神经外科医生讲学,并交流学术经验。多个国家的神经外科专家专程来研究所参观访问,研究所也多次派遣医生出国考察。

1982 年年底,神经外科研究所被世界卫生组织任命为"世界卫生组织神经科学研究和培训协作中心",被卫生部任命为"全国神经外科培训基地"。

1983 年,随着面积达 5400 平方米的基础实验室大楼的建成,随着先进的仪器设备逐步添置,研究所的条件越来越好。研究所的学科研究室增加到了 10 个,分别是神经生物化学研究室、神经生理研究室、神经病理研究室、神经放射研究室、生理病理研究室、细胞生物研究室、生理解剖研究室、心理研究室、情报研究室、流行病学研究室,规模、仪器设备和科研水平都迈入了世界先进行列。

此后的 3 年间,王忠诚个人也取得了丰硕的成果,陆续完成了数个国内首例和世界首例:国内首例一次开颅夹闭4个脑动脉瘤，国内首例完全切除脑垂体腺瘤并保留正常腺组织,国内首次成功栓塞基底动脉瘤,世界首例摘除直径9厘米、内无血栓的巨大脑动脉瘤……这些成就让中国的神经外科越来越受世界瞩目。

动脉瘤是由于动脉壁的病变或损伤,形成动脉壁局限性或弥漫性扩张或膨出的表现,以膨胀性、搏动性肿块为主要表现。颅内动脉瘤多为发生在颅内动脉管壁上的异常膨出,是造成蛛网膜下腔出血的首位病因,在脑血管意外中,仅次于脑血栓和高血压脑出血,位居第三。

众所周知,动脉是动脉血的输送管道,而人体的营养主要靠动脉血来提供。大脑也是一样,必须靠颅内动脉提供营养。动脉上长了瘤子,势必影响动脉血的输送,而且容易引起动脉的破裂,导致脑出血,后果非常严重。

动脉瘤的治疗,最好的途径还是手术,也就是动脉瘤颈夹闭或结扎。手术的目的,在于阻断动脉瘤的血液供应,避免发生再出血,保持载瘤及供血动脉继续通畅,维持脑组织正常血运。可是,在20世纪80年代,这个手术还是神经外科最难做的手术之一,死亡率很高。

来到天坛医院不久,王忠诚就把动脉瘤手术作为主要攻关课题,并很快找到了对付它的窍门。在手术实践中,他还大胆创新,一次手术夹闭多个动脉瘤,提高了手术效率。

1983年6月初,王忠诚应中华医学会山西分会邀请,到山西进行学术交流。在山西忻县地区医院,他碰到了一个叫阎双

全的中年患者。

阎双全当时 45 岁,是地区木材公司的工人,5 个月前突发脑出血,留下了口齿不清及右下身不完全瘫痪的后遗症。经脑血管造影检查,发现患者颅内长有 4 个动脉瘤,分别长在颅内动脉的后交通动脉和大脑中动脉主干分叉处。病情比较复杂,手术难度很大,当地医院的医生根本不敢做这个手术。

王忠诚没有退缩,果断做出为阎双全手术的决定。

6 月 4 日,王忠诚走上手术台,开始为阎双全实施手术。他从左额颞开颅,自侧裂入路找到左大脑中动脉主干,在其远端发现了一个体积较大的动脉瘤。他惊讶地发现,这个动脉瘤的情况非常复杂,瘤蒂较宽,体部呈紫红色,说明瘤壁已经很薄,瘤内压很高,其上有一条左大脑中动脉分支攀行,并与瘤体紧密粘连,而且,这条小动脉正横跨动脉瘤的底部,稍有不慎就可能造成动脉瘤破裂出血,影响患者生命安全。施行这样复杂的手术,即使在设备优良的专科医院,也有很大的难度,何况是这个设备简陋的地区医院。可是,手术已经开始,颅骨已经打开,"开弓没有回头箭",王忠诚决定尽最大努力去做,争取最好的效果。

王忠诚先用钝剥离法试图将小动脉剥离,但没有成功。他又在手术显微镜的帮助下,用显微剪将粘连的部位逐步剪开。这是一个非常危险的操作,既要避免牵动周围组织,又不能损伤中动脉的重要分支,还要将它们分离。他小心翼翼地操作着,用了半个多小时,总算把小动脉从瘤体粘连的部位剥离下来。

第一个动脉瘤夹闭成功后,他又在左大脑中动脉主干上发现了两个动脉瘤。这两个动脉瘤的蒂部相距很近,分离其周围

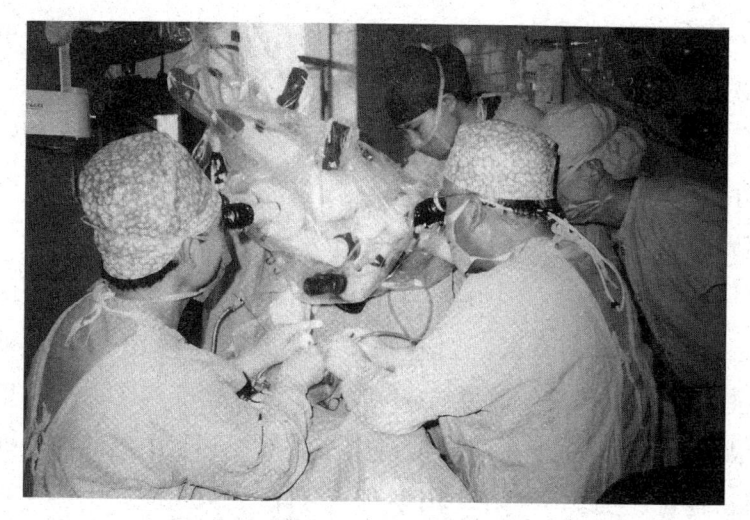

王忠诚(左起第二)正一丝不苟地为患者做手术

的视丘纹状动脉的粘连时,王忠诚发现两个肿瘤间空隙很小,无法分别夹闭。他灵机一动,把两个动脉瘤捏在一起,用一枚动脉瘤夹同时夹在了两个动脉瘤的蒂部。

凭着多年的丰富经验和熟练的手法,王忠诚成功地将3个动脉瘤夹闭了,这已经算是创造了不小的奇迹。但是,他并不满足,还要尝试对付第四个动脉瘤。

"王院长,手术已经很成功了,还要继续做吗?"有人委婉地提醒。

王忠诚没有回答,但他手上的动作没有停止。

在颈内动脉后交通支起始部,他找到了第四个动脉瘤。分离成功了,夹闭成功了,一项新的国内纪录也诞生了。

术后,阎双全恢复得很快,第二天就可以进食,一周后拆了线。颈动脉造影复查,发现大脑中动脉及其分支血液流动通畅,动脉瘤已完全消失。渐渐地,患者脑出血留下的后遗症也得到了缓解,不仅口齿清楚了,还可以自如行走,一次能步行两公里以上,生活基本能自理。

王忠诚在一次手术中夹闭了4个动脉瘤,这在国内神经外科学界传为佳话,也标志着我国神经外科手术达到了一个新的高度。

1984年4月,美国总统里根访华,随行的保健医生是美国著名的神经外科专家。这位专家先后两次参观了北京市神经外科研究所,对研究所取得的成绩给予了高度评价。4月30日,里根在上海复旦大学的一次演讲中,竟然提到了中国的神经外科,他说:"美国学生在中国学习,有广阔的天地……中国在神经外科、用草药治病等方面,有许多东西可供我们学习。"这说明,他的保健医生给他介绍了自己的参观见闻。

1984年夏天,王忠诚去福建石亭参加流行病调查会议,又遇到了一个特殊的动脉瘤患者。患者名叫成纫千,说他特殊,一是因为他曾经担任过福州市市委书记,是当地的领导干部;二是因为他的病情严重,已经先后有过5次脑出血,这是第6次。这一次,患者已经陷入昏迷状态,医院已经通知家属准备后事了。

医院领导邀请王忠诚前来会诊,其实只是出于对患者家属的安慰,实际并没抱太大希望。

王忠诚看了成纫千的病历,又亲自给他做了相关的检查,发现他颅内的动脉瘤情况很差,手术难度很大,随时可能再次破裂。根据传统观点,动脉瘤出血1次死亡率约30%,出血2次死亡率约60%,出血3次死亡率约80%……患者已出血6次,早已超过了死亡率的极限,随时有生命危险。

"王院长,您看能不能手术?"患者家属焦急地问。

"手术风险很大,但手术是唯一的办法。"

"我们听说了,只有您可以做这个手术,您就救救他吧!"

王忠诚答应了,并通知院方开始做术前准备。准备会上,有个医生委婉地劝阻:"患者病情危重,又是领导干部,如果死在手术台上,不仅会落埋怨,还影响您的名声,您看是不是……"

"只要有一分希望,我们就应该尽百分百的努力。救人要紧。"

"这个手术我们的医生不敢做,您要做的话,是不是再调几个人来?"一名医院领导说。

王忠诚明白医院领导的意思,赶紧跟天坛医院联系,临时调来几个医生做助手,为成纫千做了手术。

手术很成功,患者恢复得出人意料的好,连前几次出血引发的后遗症也渐渐消失了。

1985年初,成纫千带队到北京参观,抽空到天坛医院看望王忠诚。成纫千握着王忠诚的手,激动地说:"谢谢您的救命之恩!如果不是您坚持冒险给我做手术,我可能早就不在了。"

"你恢复得这么好,当时的冒险很值得!"王忠诚笑着说。

成纫千给王忠诚送来了一块匾,上面写着"德高技精"四个大字。王忠诚愉快地收下了,郑重地挂在了自己的办公室里,以此告诫和勉励自己。他说:"当时的坚持,不仅救活了一个人,也使我的技术得到了提高,这对一个医生来说,是应该保持和发扬的。"

在全院大会上,王忠诚还专门提到了这件事。他讲道:"作为一名医生,救死扶伤是天职,只要病人有一丝生的希望,就必须努力去争取。"

不久之后,王忠诚又遇到一个更危险的病例。患者刚上手术台,呼吸就突然停止,血压也测不到,一切生命体征都没有了,但他还是坚持把手术做完,让病人起死回生。

这是后话,暂且不表。1985年初的王忠诚正在谋划一件大事,一件对神经外科的发展有着重要意义的大事。

王忠诚在谋划什么大事呢?当然与中国的神经外科学有关。他要为广大中、高级神经外科医师和相关专业临床及研究人员创办一本自己的杂志,关注对神经外科有指导作用且与神经外科临床密切结合的基础理论研究成果,报道神经外科领域领先的科研成果和临床诊疗经验,反映我国神经外科临床科研工作的重大进展,促进国内外神经外科学术交流。

当时,国内已经有一本《中华神经精神科杂志》,涵盖了神经外科、神经内科和精神病学三个学科,但以神经内科和精神病学为主,神经外科的学术稿件用得相对较少。神经外科医生写出的论文很难及时发表,他们迫切需要一本独立的神经外科杂志。

王忠诚深知广大神经外科医生的心情,也有规划全国神经外科事业的想法。有了独立的神经外科杂志,就有了一个独立的学术交流平台,就可以将全国各地的科研成果展示于人,实现资源和成果共享,这将推动全国的神经外科学界形成合力,从而推动神经外科事业的发展,可以说意义重大。于是,从1984年初,王忠诚就开始思考这件事,并向卫生部、国家科委、中华医学会等单位的相关领导们汇报了自己的想法。得到有关领导的支持后，他正式向国家科委递交了创办《中华神经外科杂志》的报告。4月10日，国家科委批准了他的报告。

此后近一年的时间里，王忠诚投入到《中华神经外科杂志》创刊号的筹备中。首先成立编辑部，完善设施设备。他亲自担任总编，邀请著名神经外科专家薛庆澄、史玉泉、段国升等担任副总编，神经外科研究所的骨干担任编辑，办公地点设在新建起的研究所的四楼。编辑部制定了《中华神经外科杂志》的办刊宗旨："贯彻党和国家的卫生工作方针政策，贯彻理论与实践相结合，普及与提高相结合的方针，倡导百花齐放、百家争鸣，反映我国神经外科临床科研工作的重大进展，促进国内外神经外科学术交流。"确定了准备开设的基本栏目：专家述评、临床论著、实验研究、经验介绍、技术改进、论著摘要、临床病例讨论、病例报告、学术讲座、会议纪要、综述、讲座、继续教育园地、学术争鸣、读者来信、书讯书评、国内外学术动态以及学术活动消息预告等。

基本思路确定后，王忠诚便着手准备创刊号的稿件。他亲自找到卫生部部长崔月犁，请崔部长撰写"创刊词"，又联系国内著名的神经外科专家约稿，组织力量集中改稿定稿。王忠诚在第一次定稿会上提出："我们的杂志是'中华'牌的，一定要办出国家级水平。这就要求我们在约稿、选稿、用稿时提高质量意识，确保论文质量。"

1985年2月，新春伊始，《中华神经外科杂志》创刊号终于面世了。崔月犁部长在创刊词中充分肯定了我国神经外科取得的成就："神经外科在国内已经初步得到了普及，在颅脑损伤、脑及脊髓肿瘤、脑血管病等方面积累了丰富的经验，临床疗效已经达到了先进水平。"同时，也坦诚地指出了努力的方向，"神经外科在国内的发展并不平衡，以北京、天津、上海等地为中心建立神经外科网的规划尚未实现，在某些病种及基础理论研究方面，还存在着一定差距。"

创刊号上，很多重量级的稿件得以发表，其中包括王忠诚、程学铭、李世绰、王文志、吴升平、王可嘉、周树舜、赵馥、戴钦舜、宋家仁、蔡琰等合作的《中国六城市居民神经系统疾病的流行病学调查》，王忠诚、罗世祺、王恩真、刘用紫、徐贵印、潘宝祥等合作的《一次开颅成功夹闭四个颅内动脉》，赵雅度、张瓦城合作的《小脑幕脑膜瘤》，章翔、易声禹合作的《内囊－基底节区急性脑受压实验研究》，还有以北京市神经外科研究所名义发表的《颅内肿瘤9063例分析》，以山东省神经外科协作组名义

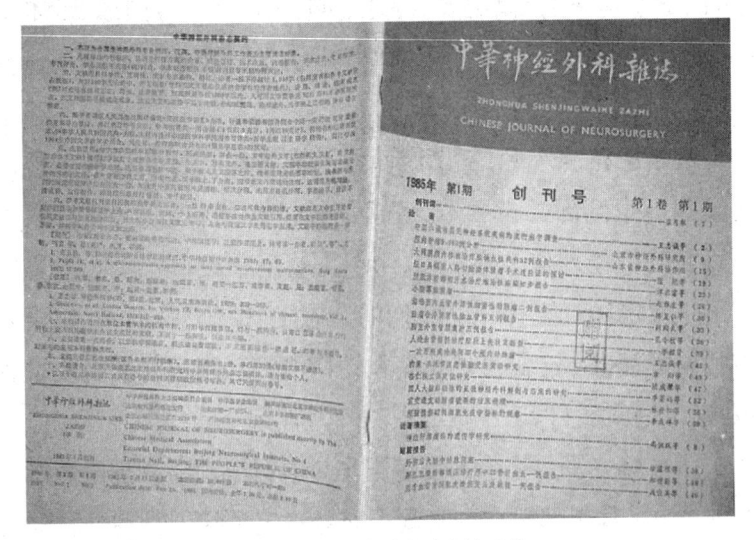

《中华神经外科杂志》创刊号

发表的《大网膜颅内移植治疗脑缺血性疾病 32 例报告》等，可以说"名家云集"，内容精彩纷呈，在业内引起广泛影响。

从此，全国的神经外科医生们有了自己的杂志。

《中华神经外科杂志》开始是季刊，后来改为双月刊、月刊，逐渐发展壮大，对我国神经外科的发展起到了明显的导向和推动作用，被广大神经外科医生视为宝贵的精神食粮。如今，该杂志已经被列为中国自然科学核心期刊，多次荣获中国科技期刊各种奖项。

王忠诚虽然当了主编，但他始终没有忽略临床，很多大手术还要亲自操刀。前面提过的那个非常凶险的病例，别人都不敢做，他只能亲自上阵。于是，一项新的"世界纪录"诞生了。

患者名叫赵栓柱，是河南新乡市的一名中学生。从 10 岁开始，栓柱就经常头疼，时好时坏，但每次都在很短的时间内不治自愈。

1985 年 6 月底的一个午后，栓柱吃完午饭，正准备去上学，头突然又疼起来。像往常一样，爹让他躺到床上休息，以前都是休息一会儿就好了。可这次栓柱躺在床上，疼得越来越厉害，甚至在床上打起滚来，最后竟然疼得昏了过去。

这种情况以前从来没有出现过。爹娘都慌了，他们赶紧把栓柱送到最近的乡镇医院。

乡镇医院的医生从没碰到这种情况，他们也处理不了。栓柱爹只好带着儿子赶往县医院。

县医院的医生为栓柱做了腰穿检查，发现蛛网膜下腔出血，初步诊断为脑瘤，却拿不出好的治疗方案。医生建议说："这种病,只有去北京天坛医院,找一个名叫王忠诚的神经外科专家,才有可能治好。"

栓柱爹听了医生的话,知道没有别的办法,只好借了些钱,带着栓柱到北京找王忠诚。

7月3日,栓柱父子来到天坛医院,找到了王忠诚。

王忠诚热情地接待了他们,认真地为栓柱做了CT、脑血管造影等一系列检查。看到结果,王忠诚很惊讶,在栓柱的大脑中,动脉上长了个巨大的动脉瘤,在医学界上史无前例。动脉上长个小瘤子都很危险,长这么大的肿瘤是非常可怕的,一旦破裂,患者必死无疑。即使不破裂,肿瘤压迫脑组织,引起剧烈疼痛和功能障碍,生命也是危在旦夕。

肿瘤这么大,王忠诚以前从来没有遇到过,手术难度非同一般,他也没有把握。但是,患者病情危急,必须尽快手术,他又不能见死不救。于是,他思虑再三,还是决定亲自做这个手术。

经过周密的术前准备,栓柱被推上了手术台。可是,手术还没开始,栓柱就突然停止了呼吸,测不到血压,一切生命体征都没有了。

王忠诚知道,栓柱动脉上那个巨大的瘤子破裂了,大量出血造成了脑疝,几乎可以宣布死亡。按有关操作规程,这种情况下可以放弃手术。

这时,几个助手停下了手中的工作,不约而同地看着王忠诚,等着他作出停止手术的决定。但是,放弃手术就意味着患者死亡,继续手术还可能有一线生机,王忠诚不愿放弃。

大脑缺血的极限时间是6分钟,如果能在6分钟之内找到出血点,进行有效止血,也许还可以挽救患者的生命。但是,能够在短短的6分钟之内锯开颅骨,找到出血点吗?必须争分夺秒!

"继续手术!开颅!赶紧!"在短短的数秒钟之后,王忠诚下了决心,发出了简短的指令。

骨锯架好,王忠诚亲自操作,动作熟练而快捷。按说,这些工作都是由助手来做,但今天他等不及了,他必须在第一时间把颅骨锯开。

短短的3分钟,颅骨被打开了。王忠诚掀开颅骨,鲜血像喷泉一样汩汩而出。

眼下,最要紧的是止血,但鲜血淹没了整个术野,根本无法看清出血点在哪里,怎么办?

王忠诚深吸了一口气,稳定了一下自己的情绪,然后把一根手指探进了患者的脑组织。脑组织非常复杂,每个脑区都对应着肢体的功能,任何损伤都会引起严重的后果。但是,为了挽救患者的生命,他已经顾不了那么多了。

凭着多年练就的手感,王忠诚用手触摸到了出血点,迅速进行了处理。血终于止住了,患者的血压上来了,同时进行的心肺复苏也很有成效,患者恢复了呼吸。一条鲜活的生命被王忠诚从死亡边缘拉了回来。

剥离和切除动脉瘤也费了不少功夫,但总算有惊无险。

手术成功了。切下的动脉瘤经过测量,瘤体直径达到9厘米,创造了一项世界纪录。在此之前,世界上成功切除的最大的一例颅内肿瘤瘤体直径只有8厘米,是1967年由西班牙医生切除的。时隔18年,王忠诚把这个纪录提高到了9厘米。

手术结束,王忠诚下意识地看了看表,发现6个小时已经过去了。手术过程中,他总是全神贯注,没有时间概念,但他的身体却在时间的消耗中渐渐透支。走下手术台的那一刻,疲惫的他顿觉头重脚轻,浑身就像散了架一样。

他在助手的搀扶下,硬撑着走出手术室,但大家都知道,等待他的将是一场大病。他的白细胞比常人少一半,抵抗力也只有常人的一半,这么长时间、高强度的体力劳动,他根本就受不了,但为了治病救人,他总是咬着牙坚持。

栓柱爹焦急地等在手术室门口,看王忠诚出来,他担心地问:"王院长,栓柱怎么样?"

王忠诚强打精神,笑着回答:"手术很顺利,放心吧。"

栓柱爹激动得热泪盈眶,他一边抹着泪水,一边喃喃地说:"大恩大德,大恩大德啊!"

半个月后,栓柱头痛症状明显缓解,偏瘫有所恢复。

8月24日,王忠诚为栓柱做了脑血管造影复查,发现动脉瘤消失,中动脉未显影。CT复查也没发现肿瘤的影子。

术后两个月,赵栓柱痊愈出院。出院时,他不仅能下地走路,视力和记忆力也基本恢复正常。他看上去比来的时候胖了些,显得很健壮。栓柱爹拉着王忠诚的手,不知该说什么好,再次流下了感激的泪水。

无独有偶。另一个被当地医生判了"死刑"的患者也找来了,患者名叫牛安民。

牛安民是山东农村的一个农民。1985年9月,他被家人用担架抬着来到了天坛医院。

之前,他已经有3年的头痛史,被当地县医院诊断为"垂体瘤"。几经治疗,效果一直不好,县医院决定为他实施手术。可是，手术过程中，医生发现脑组织深处的血管上长着一个直径达3.5厘米的肿瘤，他们不敢处理，只好中止了手术。但是，医生没想到的是，此次手术不仅没能缓解牛安民的症状，反而损伤了其大脑功能区，导致他双目失明。看到患者生命垂危，医生也很无奈，他跟家属解释说："这种病是'不治之症'，没有希望了，回家准备后事吧。"

牛安民被家人用担架抬回了家，全家人都陷入了绝望。

就在这时，有人无意中看到了一张当年6月12日的《人民日报》，看到了报纸上刊登的一则新闻，题目是《北京天坛医院成功进行一例具有国际先进水平的手术》。报道内容如下：

著名神经外科专家、北京天坛医院王忠诚院长最近在患者颅内基底动脉上成功地夹闭了一个巨型动脉瘤的瘤蒂。

21岁的患者孙惠兰被送来就医时，颅内动脉已经出血，随时可能危及生命。王忠诚教授同他的助手赵继宗、李溪光等一起，经过4小时30分钟的精心操作，终于成功地完成了这一例具有国际先进水平的手术。

看到报纸上的这则新闻，绝望中的牛安民一家人又看到了希望的曙光。于是，他们抱着试试看的态度，抬着生命垂危的牛安民上了火车，赶到了北京天坛医院。

王忠诚看到牛安民时，不由得倒吸了一口凉气。患者的病情如此危重，身体状况如此虚弱，即使肿瘤可以手术，也存在很大的风险。检查后，他又发现，牛安民的动脉瘤位于大脑的基底动脉上，直径比较大，瘤壁很薄，极易破裂。这种动脉瘤的手术难度很大，患者身体状况又这么差，基本不符合手术的条件。但是，如果不手术，患者随时可能失去生命。

"不能做，太危险。"有同事提醒。

"是啊！"王忠诚神情严肃地表示同意，但他转而又说，"危险并不等于没有希望。"

经过反复会诊商讨，王忠诚还是决定"试一试，闯一闯"。他动员了全院的力量，各科室相关人员一齐上阵，来挽救这位农民的生命。

手术那天，血库准备了充足的血液，手术室、化验室都紧急动员起来，食堂也做好了"三班倒"的准备。

王忠诚亲自给牛安民做了手术。手术过程很复杂，用时9个小时之多，但王忠诚还是凭着丰富的经验顺利切除了牛安民的动脉瘤，手术很成功。

术后，牛安民恢复得很快，仅仅用了半个多月，他头痛的症状就没有了，视力也渐渐好起来，神经系统的其他功能也有了明显好转。出院后，牛安民逢人便说："王院长治好了我的'不治之症'，简直是神医！"

除了孙惠兰、赵栓柱和牛安民，这一年，王忠诚还先后做了7例颅内巨大动脉瘤手术，都获得了成功。年底，他的研究课题"脑动脉瘤的显微手术"取得了重大成果，一举夺得"国家科技进步二等奖"。

这一年，对神经外科来说有着特殊的意义。自从1955年赵以成在同仁医院创建神经外科，王忠诚从天津调来北京，到这年正好30年。30年来，王忠诚和他的同事们已经成功实施了

10 628例脑瘤手术,手术死亡率从早期的10%降低到4%,达到了国际先进水平。

这一年,对天坛医院来说也有着重要的意义。第五年底,新的天坛医院大部分工程已经竣工,获得了"北京市优秀工程设计一等奖"和"建设部优秀工程设计鼓励奖"。

1986年初,天坛医院的新门诊楼、病房楼、手术楼等陆续投入使用。一时间,参观者络绎不绝。

王忠诚不厌其烦地带着客人们参观,滔滔不绝地给客人们作介绍,乐此不疲。尤其是介绍起天坛新院,他总是很兴奋,像介绍自己令人自豪的孩子。

天坛医院新门诊楼的确非同寻常。一步入门诊大厅,立刻

天坛医院新门诊楼

给人以欢快之感,使患者病去三分。大厅与主楼脱离,因此门厅很大,使人感到不是来到医院,倒像是来到音乐厅。大厅总高6.3米、长37.5米、宽11.7米,每天可接待3000门诊人次。当时,这样大型的门诊大厅国内没有,国际上也屈指可数。大厅的天花板上设置了20个采光窗,透过窗子射进的阳光明亮柔和,既节能环保,又美观实用,使整个大厅显得既庄重又活泼。大厅左右自然划分为3个区,3部电梯和2部楼梯使大厅和各门诊部上下贯通,从而解决了人流的大问题。走上各个楼层,便是各科门诊,每科门诊各占一层的一角,可以让患者少走冤枉路,也可以有效地避免交叉感染。

病房楼设24个病区,有778张床位,单是过道式楼道和走廊扶手就让人耳目一新。每当有人参观,王忠诚总会自豪地介绍说:"我们采用单过道式楼道,可以节约大面积的人工照明和空调,消耗低,费用少,这不仅是从我们的国情出发,也符合我党一贯提倡的勤俭节约。"的确,大部分病房有着良好的朝向和自然的通风采光,既长又大的阳台暖房为病人创造了户外活动的条件,还最大限度地节约了能源。此外,病房区的厕所、洗漱室还凹进楼道一块,"这样,可减少噪音及气味的干扰,保持病房的清洁安静。"王忠诚解释道。

手术楼设18个手术间,其规模在国内外都算是数一数二的。连跨式大进深的平面布局,使血库、药库、病理性切片集中,为手术时赢得宝贵的抢救时间。病房楼和手术楼间则采用穿堂式电梯,既方便联系又可避免闲杂人员的干扰。手术室还准备设置屏蔽间,为手术时防外磁干扰提供保障……这些硬件设施的完善,为王忠诚攻克尖端脑神经外科难题提供了良好的条件。

卫生部和全国 19 个城市的医疗界代表人员参观后，无不交口称赞，大家都说："天坛医院设计合理，造型美，质量好。"日本、美国、澳大利亚等国代表参观后，也给予了较高评价。

"巢"筑好了，引进的 CT、核磁共振等高精尖仪器设备搬了进来，一座亚洲一流的现代化神经外科医院呈现在世人面前。

王忠诚意气风发，但他并没有就此满足。他还要在全国创立一个神经外科学的学术组织，为全国的神经外科人才提供一个更大的平台，为学科发展凝聚力量。

1986 年 3 月，在王忠诚的多方努力下，中华神经外科学会获批成立。

王忠诚很兴奋，开始牵头筹备召开中华神经外科学会成立大会。这次会议，全国各地的神经外科代表都要来参加，规模很大，筹备工作有一定难度。会场不愁，吃饭问题也不大，但住在哪里却是个问题。当时，天坛医院刚好有一栋病房尚未启用，王忠诚与医院其他领导一商量，决定让代表们住在这栋病房里。

3 月底，代表们陆续来了，住进了天坛医院的病房里。他们惊讶地发现，天坛医院的病房建得像宾馆一样，不仅如此，医院其他建筑也非常宏大、有气势，不由得为医院这种欣欣向荣的发展局面而赞叹。他们从中看到了王忠诚发展全国神经外科事业的雄才大略，都感到由衷地敬佩。

会议如期开幕，来自全国的由各省市初选出的学会委员们汇聚一堂，气氛热烈祥和。会上，大家都为成立这个学术团体而感到欢欣鼓舞，体现出和谐、团结的氛围，但是，对于把学会放在哪里、以哪里为核心的问题，一部分人还有异议。

他们的异议并不是没有理由。上海也是一座神经外科发展很快、学术力量很强的城市，著名神经外科专家史玉泉主持的华山医院神经外科是国内最早开展神经外科工作的单位，他任所长的上海医科大学神经病学研究所规模、影响、贡献也都很大。上海华山医院也作为世界卫生组织"神经科学协作与培训中心"，曾举办多期神经外科进修班，为全国培养了许多神经外科骨干力量。史玉泉教授医术精湛，在脑血管畸形分类方面有其独到的研究，血管畸形"史氏分类法"已被国内外公认，为我国神经外科事业的发展做出了很大的贡献。由此来看，把学会放在上海似乎也顺理成章。

北京和上海的实力都很强，究竟把学会设在北京还是上海？学会委员们明显分成了两个阵营，各执一词。

在这种情况下，王忠诚率先表态。他认为，成立学会是为了带动全国神经外科大发展，设在哪里并不重要。

史玉泉教授也表了态。他语重心长地说："中华神经外科学会是全国神经外科组织，当然应该设在首都。北京是全国政治、经济、文化的中心，天坛医院神经外科发展得这么好，得到政府这么大的支持，经费充足，技术力量也强。还有，北京市神经外科研究所是大家学习交流的好地方，我看设在北京更合适。"

有了两位代表人物的表态，专家们经过广泛讨论，格局逐渐明朗，最后大家一致同意把学会设在北京。

可是，由谁来担任学会的主任委员呢？也就是说由谁来领导这个学会呢？大家又有不同意见。

还是史玉泉教授力排众议。他说："有人推举我作为首届学会主任委员，我认为，王忠诚比我更合适担任。第一，他比我年轻,可以说年富力强,又取得了那么多的成就,待人接物很诚恳;第二,我和他个人关系很好,他对我很尊重,不存在任何矛盾,很多事他都征求我的意见;第三,学会设在北京,负责人最好也在北京工作,这样兼顾起来更方便。所以,他当这个主任委员最合适了,我全力支持他。"

薛庆澄、段国升等神经外科著名专家也纷纷发言,建议选王忠诚当主任委员。

1986年4月,中华神经外科学会第一届委员会举行全体会议,顺利选出了以王忠诚为首的学会领导集体。王忠诚为主任委员,史玉泉、薛庆澄、段国升为副主任委员,王维钧、陈公白、陈炳桓、宋家仁、李世绰、杜子威、侯金镐、张天锡、索敬贤、高立达、蒋先惠为常务委员。会议还选举李世绰、宋家仁担任学会的秘书,冯祖荫、刘学礼、刘景芳、刘承基、刘泉开、易声禹、赵雅度、臧人和、戴钦舜等24人为委员。

最后,王忠诚发表了讲话。他号召大家开阔眼界,树立高标准,在不同的基础上脚踏实地地干好工作。他特别指出,做好病

中华医学会神经外科学会常务委员会全体成员

人的诊治是第一位的,同时要注重干部培养,加快神经外科普及,还要继续扩大对外交往,向着世界先进水平进军。

中华神经外科学会成立后,作为主任委员,王忠诚广泛听取各个方面的意见,勤勤恳恳、兢兢业业地工作,对团结全国神经外科各方面力量起到了举足轻重的作用。

如果说《中华神经外科杂志》为神经外科的医生们提供了百舸争流的学术氛围的话,那么中华神经外科学会的成立,则使得各路人马团结起来,手挽手共同发展我国神经外科事业。这两件大事,对中国神经外科的崛起都有着重要的意义,王忠诚居功至伟。

正是因为这两件事,奠定了王忠诚在全国神经外科学界的领导地位,也让他更加忙碌。全国的各类神经外科学术会议他要组织或参加,全国各大医院邀请他去讲学或会诊,碰到当地医院处理不了的病例,他还要亲自走上手术台。总之,从这之后,王忠诚越来越多地走出北京,走向全国各地。

也是在这一年,王忠诚主持了在北京召开的国际脑血管病流行病学研讨会,被世界著名的神经外科学术组织——欧亚神经外科学会任命为名誉副主席。由此,他越来越多地走上了世界各地的讲坛,越来越多地展示了中国神经外科的实力。

也是在这一年,王忠诚开始向世界神经外科领域的"禁区"挑战,向世界神经外科技术的高峰挑战。

第七章

走向世界的脚步

　　所谓"禁区",是指一个未经许可不允许进入的特殊区域。在医学界,"禁区"是指人体中不敢触碰的部位。在神经外科领域,"禁区"则是一个叫"脑干"的地方。

　　要说清楚这个问题,必须先了解大脑的解剖结构。人类的大脑是所有器官中最复杂的一部分,是所有神经系统的中枢。虽然它看起来是一整块,但它的结构很复杂,包括大脑、小脑、间脑和脑干四部分。

　　大脑分左右两个半球,体积占整个中枢神经系统一半以上,重量占全部脑重量的 60%~70%。大脑皮层的总面积可达 2200~2600 平方厘米,集中了约 140 亿个神经细胞。通常,大脑左半球以言语机能为主,在逻辑推理、数学计算等方面也起着主要作用;右半球以空间图像知觉机能为主,在音乐和艺术能力等方面也起着特殊的作用。

小脑在大脑的后下方，位于脑干的背面，也分左右两个半球，与大脑皮层、皮层下神经节、脊髓有许多联系，主要功能是维持身体的平衡，辅助大脑皮层对身体运动起协调作用。

间脑位于大脑半球下部，包括丘脑和下丘脑。丘脑是皮层下的感觉中枢，除嗅觉外，其他感觉都在丘脑中转换后再到大脑。下丘脑则调节内脏的活动和体内物质代谢，是植物性神经较高级的中枢，和情绪反应有密切的关系。

脑干包括中脑、脑桥和延髓。中脑位于间脑、脑桥和小脑之间，背侧称为四叠体，是视、听运动的反射中枢。腹侧称为大脑脚，与身体的运动和姿势的维持有很大关系。脑桥是小脑腹面特有的构造。连接小脑两半球，里面有大量的纵向、横向的神经纤维束，与其他脑区相连。延髓在脑干最下端，同人的基本生命活动，如呼吸、心搏、吞咽、肠胃运动、排泄等有关。在脑干中央有许多分散的神经细胞纵横交错呈现网状，被称为"网状结构"，对维持大脑皮层的兴奋、使人处于清醒状态和调节内分泌功能有重要意义。

综上所述，被称为"生命中枢"的脑干是人脑中非常重要的部分，脑干一旦有了病变，将严重影响人体的功能。然而，脑干只有成人拇指大小，如果长了肿瘤很难处理，一直被视为手术的禁区。

王忠诚在做了无数次脑干周边的肿瘤手术后，便产生了向脑干进军的想法。在多年的临床实践中，他总结出一个经验："禁区"总是相对的，曾经有很多被称为"禁区"的领域，被不断地突破。那么，脑干作为一个"禁区"，理论上也是可以被突破的。

于是，他暗暗把脑干作为研究的目标，悄悄地向它发起了进攻。

王忠诚的进攻并不是盲目的，也不是单打独斗。他在研究所成立了一个科研小组，制订了详尽的攻关计划和实施步骤，一步一个脚印地前行。

他们首先从实验室研究起步。在王忠诚的倡导下，研究所建立起了动物实验室，并致力于实验环境的建设。实验室购买了大批的实验设备和一定数量的实验动物，挑选了科室优秀的医务人员，选择了与之相关的科研课题，便开始了对脑干的研究。

王忠诚是实验室的负责人，也是在实验室里工作时间最长的人。他在这里做了大量的动物试验，探讨了呼吸、心跳、意识等与生命密切相关的神经中枢在脑干中的具体位置，观察和分析了物理的、化学的以及其他损伤对脑干产生的影响，掌握了第一手直观的资料。他发现，呼吸中枢对应的脑干主要部位(栓部)不容侵犯，损伤后呼吸将无法恢复，会直接导致动物的死亡；心跳中枢对应的脑干部位损害后，将引起胃肠道弥漫性出血，但对心脏功能的影响不是太大；意识中枢受到外力压迫，可能导致意识丧失，但解除压迫后有望恢复……

在实验室得到动物实验资料，王忠诚又转向临床的脑干研究。他先后观察了几十例脑干附近的肿瘤切除前后脑干的情况，了解手术前后脑干形态及功能的变化，分析人体脑干与动物脑干的区别，以检验实验室成果在临床的意义。他发现，术前脑干受压变形及缩小，其功能出现障碍，但脑干形态的变化与其功能障碍的程度并不一致，功能上有更多的保留；术后，脑干形态及功能都有所恢复，有的甚至恢复得很好。对于这种现象，他分析后得出原因——脑干旁边的肿瘤是慢慢长大的，在长大的过程中,脑干渐渐形成了一定的代偿能力,一旦摘除了肿瘤,功能便会得到很好的恢复。继而他又推断,既然脑干附近的肿瘤压迫脑干有这种代偿功能,那么,脑干内的肿瘤对脑干本身形成的压迫,应该也会有这种功能,肿瘤切除后,脑干应该也会得到很好的恢复。

从1987年起,王忠诚开始尝试着把研究成果用于临床,开始做脑干肿瘤的手术。第一次,他先从囊性肿瘤入手,异常小心地试探着进行,速度非常缓慢。他先用细针穿刺脑干,证实没有问题后再换粗一些的,仍然没有问题后,才继续往下进行,最后终于获得了成功。

关于脑干研究的过程,王忠诚在一次接受采访时曾有过详细的描述,他说:"其实一开始我也害怕,我就先研究在脑干外但压迫到脑干的肿瘤。脑干原来不是被压迫变形了吗?我要研究它恢复了没有,功能怎么样,有没有偏瘫。我观察了一年,做了不少病历,发现完全可能恢复,这说明脑干本身有可缩性,有代偿能力,可以恢复。我的胆子就大了一点,接着研究囊性的脑干肿瘤。脑干很重要,哪都不能损害。我选择脑干薄的地方用细针穿刺,看会怎么样,对薄的地方有没有影响。发觉效果不错,我的胆子又大了一点,换了粗一点的针看看,效果还是很好。就这样,我一点点地壮着胆子进行进一步的研究。切开,把瘤子掏出一部分,发现效果也很好,之后就逐渐全拿掉。当然,这里最要紧的原则是不能增加对病人的损害。以后就进而研究各种不同性质的肿瘤的不同取法,最后积累了一套诊断、手术的办法。我原来也没有想到自己能解决脑干手术的难题。"

关于王忠诚手术治疗脑干肿瘤的临床实践,王忠诚的博士生、北京三博医院石祥恩教授后来回忆说:"当时国内外还没有全面开展手术切除脑干肿瘤的先例,这方面的国内外资料和临床报告也少之甚少,任何细节都要经过反复思考、周密准备。刚开始开展手术时,老师都是亲自查看每个患者,亲自记录病人手术前脑干肿瘤的部位、术中情况、术后病程,并用卡片画图留以保存,每例手术他都是从开始做到结束。脑干肿瘤的临床技术,就是这样一点点摸索出来的。"为了说明这个问题,石祥恩还举了一个例子。他说,关于手术入路的选择,刚开始手术时,往往采取脑干中线切开,因为从解剖结构来说,脑干腹侧是传导束,背侧是脑干核团聚集区,中线功能结构少。但是,由于肿瘤偏向一侧生长,从中线切开切除肿瘤后,患者反应严重,效果也不太好,有时切开后肿瘤寻找困难。经过反复探讨,后来逐步采取从肿瘤距离脑干表面最近的部位切开,这个部位虽然有重要的神经结构部位,但手术切开后,反应却不严重,有些患者甚至毫无反应。

实验室和临床得到的结论基本一致,那就是脑干有些部位可以手术,且术后的效果理论上应该不错。王忠诚把这个结论归纳了一下,称之为"脑干的可塑性",从而形成了他的脑干肿瘤可切除的理论。1987年6月,王忠诚参加了在意大利首都罗马举办的世界"神经可塑性学术会议"。会上,他发表了"脑干可塑性临床研究"的主题演讲,受到了与会代表们的广泛关注。

王忠诚的第一例脑干手术具体是什么时候做的,患者的情况如何,笔者都没能找到准确的资料。但是,从1988年6月25日的《北京日报》上,可以清楚地看到,当时王忠诚他们已经成功实施了4例脑干肿瘤手术。原文如下:

本报讯（通讯员杨建民） 天坛医院最近成功地在长期被国内外医学界视为"手术禁区"的脑干部位，为四例脑干肿瘤患者实施手术。它标志着我国脑干肿瘤治疗取得重大进展。

脑干被称为人体的"生命中枢"。由于脑干肿瘤生长在大脑深部，周围布满丰富的神经组织，在这里动刀极为危险。因此，脑干部位长期被视为"禁区"，脑干肿瘤便成为"不治之症"。患有这种疾病的病人因得不到有效的医治，一般只能生存半年左右。

从 1987 年起，天坛医院在王忠诚教授的带领下，敢闯"手术禁区"，探索出应用显微技术切除脑干肿瘤的手术方法，并应用于临床。近一年来，他们已成功地对四例患者实施了这种手术。

一个领域被攻克了，一批患者得救了，王忠诚的名气也越来越大了。世界神经外科相关的会议都要邀请他参加，很多世

王忠诚（第一排左一）与国际同行合影

界各地的高等医学院校请他去讲学,他的足迹几乎踏遍了五大洲,国际影响力也越来越大。

1987年10月,王忠诚应邀参加日本第四十六届神经外科年会,会议主席、日本神经外科创始人之一佐野向来宾介绍王忠诚时说:"王忠诚,来自中国,是世界著名神经外科专家。"日本的著名神经外科专家铃木二郎也对王忠诚极为推崇,他说:"全亚洲的神经外科是一家,这个家长应该是王忠诚。"

此前,王忠诚也参加过在加拿大多伦多举办的世界神经外科大会第八次会议,参加过在日本仙台举办的脑卒中神经外科国际会议,代表中国神经外科医生出访过苏联、美国、加拿大、意大利等很多国家,但那时王忠诚在国际学术界的地位并不算高,而这次,在日本的第四十六届神经外科年会上,他不仅被请上了主席台,还代表中国作了题为《中国的神经外科现状》的报告。

他在报告中说:"中国神经外科事业已取得可喜成绩,现有神经外科病床8000余张,全国脑瘤手术已达8万余例,仅北京市神经外科研究所就做了1万余例,特别是动脉瘤手术已做了600例。颅内外动脉吻合手术也做了1580例,约占全世界总例数的三分之一。据不完全统计,中国已有神经外科医生3600多人,其中有主治医师1000余人。北京、上海、天津等地已成为我国神经外科专业的科研和教学中心,为培养神经外科医生、护士和科研人员做出了自己的贡献。仅北京市神经外科研究所,已为全国培养临床神经外科医师约600人,包括神经外科专业护士、麻醉师、放射医师等专业基础人员,共计1300余人。中国现有神经外科研究机构 23 处,神经外科单位 186 个,分布在全国各大、中城市以及专区、县的医院中。目前世界许多的先进技术设备,均已经进入或者正在进入中国的医疗科研机构。在神经流行病学研究方面,北京市神经外科研究所曾先后在北京市西长安街地区及全国其他 6 城市组织了神经系统疾病流行病学调查,在全国 22 个省区农村以及少数民族地区对 25 万人进行了神经系统疾病流行病学调查,规模之大、民族之多、分布之广,在世界上是少有的……"

王忠诚的报告引起了国际同行的高度关注,赢得了会场的阵阵掌声。

这是一次质的飞跃,是中国神经外科在国际上受到尊重和认可的飞跃。

然而,王忠诚发现,偌大的主席台上,他是唯一的中国人。按说,他应该感到自豪,可他心里却产生了自卑的情绪,自尊心受到了打击。他想,中国作为一个人口大国,脑系疾病患病率也很高,可神经外科人才太少了,能够进入国际会议主席团的专家太少了。会议结束后,他感慨地对同行的人员说:"我们应该加把劲,大力发展神经外科,培养高尖端人才,争取有更多的医生能够参加国际会议,能够在国际上发表高质量的论文,能够为世界神经外科的发展多做贡献。"

多年来,王忠诚和同事们一直在为建设、发展中国的神经外科事业而努力,为把中国的神经外科推向世界而努力。王忠诚的梦想很简单,只是谋求一种与世界同行平等对话和交流的权利,谋求一种国际同行对中国神经外科刮目相看的新局面。如今,他的梦想可以说已经实现,但他同时也发现了差距和不足,理想和目标也随之"水涨船高"。

这时,王忠诚已经62岁,过了花甲的年纪。他的理想和追求已经不再是个人的成就和辉煌,而是中国神经外科的整体发展和世界神经外科的开拓创新,是多为世界神经外科的发展做贡献。

回国之后,王忠诚规划了下一步的工作方向,精神抖擞地踏上了新的征程。他的下一个目标,是用脑组织移植的办法治疗帕金森病,这是国际上刚刚开展的一项新技术。

这项技术的开展是从1987年开始的,起因是王忠诚在这年读到了一篇相关的文献。这篇文献的主要内容为墨西哥医生马德拉索(Madrazo)在这年采用显微外科技术,开颅直视下将自体肾上腺髓质、胎儿中脑黑质及胎儿肾上腺髓质植入脑内以治疗帕金森氏综合征,先后治疗32例,并取得了明显效果。

王忠诚读着这篇文献,脸上露出了笑容,心里跃跃欲试。他研究和分析了文献中的手术方法,觉得并不是太完善,还有可以改良优化的环节。

为了确保万无一失,王忠诚还是从实验室起步。他又找了一些相关的资料,包括瑞典医师巴克伦德(Backlund)做动物实验的资料,开始进行动物试验。他一起步就从异体脑组织移植开始,在猴子身上做试验。

他买来13只健康成年的猴子,先将四氢吡啶(MPTP)注入猴子的颈内动脉,使猴子产生类似帕金森病的临床表现。然后把胚胎的脑组织注入猴脑的尾状核头部,观察猴子的病理症状、肌电图、旋转行为等改变。

实验开始后，王忠诚和罗世祺、黄山等医生一起，全力以赴，连续奋战，收集和积累了宝贵的数据和经验。

这年冬天，一位帕金森病患者来院求医，王忠诚决定尝试着把这项新技术应用于临床，便向患者家属推介最新的研究成果。患者家属同意试用，他便和助手们一起走上了手术台。

他们采取开颅显微手术，从右额小骨瓣开颅，在额中回做脑室穿刺，确认脑室额角位置，在该部行皮质造瘘，置手术显微镜，确认尾状核位置。然后，从流产胎儿大脑中取出一块脑黑质，在手术显微镜直视下植入患者大脑的尾状核腔隙内。术后，经过几个月的观察，患者感觉良好，帕金森病的症状明显减轻。

手术成功了。这不仅是国内首例，在世界上也很少，可以说达到了国际先进水平。

1987年12月8日，又一名帕金森病患者入院。这是一名男性患者，48岁，帕金森病史已达4年，右上肢活动不便，右手书写困难，伴有僵直和震颤。检查发现，患者脸上毫无表情，像戴着一个面具，说话不流利，下颌及舌肌有细小震颤，四肢肌张力增高……

经过一个多月的准备，1988年1月26日，王忠诚给患者做了手术。这次，他给患者做的是"胎儿肾上腺髓质尾状核内移植术"。

这种手术与脑组织移植程序差不多，不同之处在于胎儿肾上腺髓质的制备。在引产胎儿胎心停跳后，立即切取其双侧肾上腺，用快刀片切割成数块，在皮质和髓质交界处将其撕开，获得肾上腺髓质。之后，再将肾上腺髓质切成很小的小块，在手术显微镜直视下，将制备好的肾上腺髓质组织块置入尾状核表面的腔隙内,然后用明胶海绵片覆盖于腔隙开口之上,并压于腔隙的室管膜下,使移植组织块与脑室液相接触,从中获得营养……

术后一周,患者双上肢的震颤明显减轻了,四肢肌张力也有所降低,仰卧时身体可以完全伸直。

一个月后,患者自我感觉身体轻快了许多,迈步已很自如。

一年后,患者的症状进一步减轻。

由于手术效果很好,吸引了不少帕金森病患者前来就诊。此后的两年里,王忠诚和同事们又做了7例这样的手术,都取得了很好的疗效,手术方法也在实践中不断改良,达到了世界先进水平。在印度新德里举办的世界神经外科大会第九次会议上,王忠诚报告了题为《开颅直视下自体与胎儿肾上腺髓质脑内移植治疗帕金森病初步报告》的论文,引起了广泛关注。

在开展脑组织移植治疗帕金森病的同时,王忠诚还在积极推动一项国家战略——脑血管病的防治。

脑血管病是指由于脑血管破裂出血或血栓形成等各种脑血管病变所引起的脑部病变,以脑部出血性或缺血性损伤症状为主要临床表现,又称脑血管意外或脑卒中,俗称"脑中风"。它是导致人类死亡的三大疾病之一,在全球范围内,每年致460万人死亡,其中三分之一在工业化国家,其余发生在发展中国家,患病和死亡人群的平均年龄主要在65岁以上。

中国是脑血管病死亡率高发地区,每年新发生脑血管病130万人、死亡近100万人,在幸存者中约四分之三的人留下偏瘫等后遗症状,部分病人丧失劳动能力和生活能力,给社会和家庭带来了巨大负担。

早在全国部分省市神经流行病学调查过程中,王忠诚就发现了这个问题。他分析说,我国老年人所占的比例逐年增长,脑血管病的发病率与死亡率均随年龄增长而增高。尤其是患病率近乎呈直线上升,死亡率从45岁起大幅度上升,至70岁左右达到高峰,高血压、心脏病、糖尿病是造成脑血管病的主要危险因素,吸烟、饮酒、嗜咸食,对脑血管病也有一定影响。因此,他呼吁全社会重视和加强对脑血管病的预防和治疗。

王忠诚认为,减少脑血管病对人类威胁的关键,在于预防。首先应广泛宣传和普及脑血管病知识,使之家喻户晓。特别是对于那些患有高血压、心脏病和糖尿病的老年人,更为重要。其次,他建议要增加脑血管病的家庭病床,在有条件的医疗单位,每年应对患者进行一次家庭检查,早发现,早治疗,减少该病的死亡率。再次,要提倡少抽烟,少饮酒,最后达到戒烟戒酒的目的。要注意控制食盐量,多吃些清淡蔬菜。这些措施对于缓解脑血管病的形成,有一定作用。在医疗上,要大力开展脑血管病的流行病学调查,查清其病因及范围,同时,组织全国科研人员对脑血管病进行攻关,提高治疗效果。

在一次卫生部领导参加的会议上,他发言说:"当前脑血管病患者越来越多,但没有得到应有的重视,很多患者得不到及时发现,也不能及时住院治疗,造成严重的后果。对比心血管病受到的重视程度,脑血管病太弱了,也不太公平。因此,必须提高对该病的重视程度,为该病的预防、治疗乃至康复训练提供条件。"

王忠诚的呼吁引起了卫生部领导的高度重视。1988年初,卫生部正式设立了全国脑血管病防治研究领导小组。领导小组办公室设在北京市神经外科研究所内，选派专职人员负责，王忠诚被任命为领导小组组长。

自此，他把更多的时间用在了脑血管病的防治和研究工作中，先后组织了几次领导小组会议，商讨全国防治规划，推动卫生部制订合理的防治对策。他提出，首先，要重视预防工作，注意轻型患者的全面检查，注意致病危险因素的分析、检测和控制，研究应激、遗传、血型等对发病的影响，力求减少脑血管病的发病；其次，要积极应用新技术提高诊断水平，应用多普勒图像、数字减影、局部血流量测定、脑电地形图及诱发电位等，探索实验室指标对诊断的估价；再次，要重视临床诊断和表现的探讨，对 CT 及动脉造影检查的报告，要结合临床表现进行分析，加深对脑血管病各种表现的认识，区别出血和缺血；还要注重对与脑血管病相关的全身情况的研究，如高血压、糖尿病，特别是脑心综合征的研究，提高对专业边缘部分的重视程度。

除了制定政策措施，他还亲自走上街头社区，开展脑血管病防治的宣教和咨询活动。领导组成立不久，他就和天坛医院医疗预防保健处的同志们一起，走进了天坛东街中区居委会，为居民们召开了一次脑血管病防治动员会。他们向居民们介绍了开展这项工作的重要意义和预防的有关知识，为居委会管辖区内 35 岁以上的居民建立了保健卡片，定期检查随访。

预防之外，他对临床治疗毫不放松。一方面，他积极推动脑血管病临床治疗的开展，推动医疗单位设立脑血管病病床，改进急诊观察条件，推动医疗单位和康复医院建立横向联系，设立家庭病床，收治康复期病人；另一方面，他刻意加强了对脑血管病的临床研究力度，注意总结临床诊疗的经验，提高诊疗水平。除了继续研究中医、中药、针灸等传统疗法外,他还探讨了综合防治措施和最佳治疗方案。他带领同事们研究了国际上正在探讨的血小板抑制剂、钙离子拮抗剂、抗纤溶药物、血液稀释疗法,探讨了体外反搏、蛇毒、心脑脉宁、Ⅱ号氟碳代血液等的治疗效果,发展了脑血管病显微外科手术治疗技术,降低了手术死亡率。当时,北京神经外科研究所已经做了600余例颅内动脉瘤显微外科手术,手术死亡率仅为1.95%,达到了国际先进水平。

在印度新德里举办的世界神经外科大会第九次会议上,王忠诚报告了题为《721例脑血管病治疗分析》的论文。

也是在这次会议上,王忠诚还主持了关于"颅内肿瘤手术治疗"的专题会议。与会专家一致认为,胶质瘤是最棘手的一种肿瘤,它不仅切不干净、最易复发,而且生存周期短。全世界的神经外科医生都在探索,但进展不大。

王忠诚也觉得这是一个很值得研究的课题,决定下一步要在这方面进行探索,为世界同行提供经验。毕竟,北京神经外科研究所的条件在世界领先,中国的病例又相对较多,可能会更快更好地摸索出经验。

1989年,王忠诚从天坛医院院长这一行政岗位上退了下来,医院行政工作少了许多,前呼后拥的人和事也少了许多。他全身心地投入到临床和科研中,重点开展了对胶质瘤的研究。

胶质瘤是起源于脑组织中神经胶质细胞的一种常见的颅内恶性肿瘤,约占所有颅内肿瘤的45%,在儿童和年轻人中多发。胶质瘤系浸润性生长物,它和正常脑组织没有明显界限,难以完全切除，对放疗、化疗不甚敏感，非常容易复发。生长在脑干等重要部位的胶质瘤，手术难以全部切除，有的根本不能手术。

通过翻阅大量国外文献，王忠诚掌握了当时世界的最新研究成果。关于胶质瘤的治疗，国际上达成共识的首选策略是手术切除，基本原则是最大范围安全切除肿瘤，即在最大程度保存正常神经功能的前提下，最大范围地切除肿瘤病灶。世界著名神经外科专家弗雷德·J·爱泼斯坦(Fred J. Epstein)等曾对34例儿童脑干胶质瘤进行了手术治疗。他们用超声吸引手术刀或激光刀操作，尽可能全切肿瘤，一些病例施行诱发电位监测，术后症状均获改善。术后，还要辅以放疗、化疗，有助于抑制和杀死残留肿瘤细胞。

结合国外同行的经验，王忠诚探索、总结出一套以手术治疗为主的治疗方法。他决定找个合适的机会，把成果用于临床。

正在这时，一个胶质瘤患者来到了天坛医院。

1991年的阳春三月，北京乍暖还寒，但杨柳已经露出了一些绿意。天坛医院门口，依然像往日一样熙熙攘攘，来自全国各地的脑病患者络绎不绝。这时，一个面色憔悴的农民出现了，身上还背着一个十五六岁的少年。

这个农民名叫肖占英，家住河北固安县礼让村，他背上的少年是他的儿子肖志勋。肖志勋只有15岁，却不幸生了脑瘤，成了个四肢瘫痪、生活不能自理的重病患者。

来之前，肖占英带着儿子在当地医院做了检查，儿子被诊断为脑干肿瘤，无法医治。肖占英听到这个消息，一下子陷入了绝望。

看着肖占英痛哭流涕,医生也于心不忍,便告诉他:"北京天坛医院的王忠诚院长可以做这种手术,你去试试吧!"

肖占英像找到了一根救命的稻草,匆匆忙忙地背着儿子赶往天坛医院。

王忠诚给肖志勋做完检查,诊断是"脑干星形胶质瘤"。这是一种恶性程度很高的肿瘤,又在脑干部位,不是手术的适应症。如果治疗,应该主要靠放疗和化疗,但效果都不好。

肖占英看出了王忠诚的犹豫,一把抓住他的手,流着泪哀求说:"王院长,您就行行好,救救我的孩子吧!他才15岁,正在上中学……"

"孩子的病情很重,手术风险很大,也不容易成功。"王忠诚如实相告。

"王院长,您就死马当作活马医,真是出了什么事,我们绝不怨您!"停了停,他又说,"花多少钱我不怕,我回去把牛卖了,不行再卖房,怎么也得救我儿子的命。"

王忠诚被这个朴实的农民感动了,他毅然做出决定:"您放心,我亲自给您儿子做手术。"

手术前的准备工作,王忠诚做得一丝不苟。他亲自主持了几次会诊讨论,制订出详尽的手术方案,又动员各相关部门做好了准备。

3月27日,手术开始,王忠诚亲自主刀。手术过程中险象环生,王忠诚凭着他丰富的经验都一一化解,最后取得了成功。

4月28日,肖志勋痊愈出院时,已经可以自己走路,不用父亲背了。肖占英激动地说:"是王院长给了志勋第二次生命,这大恩大德我们永生难忘。"

王忠诚给肖志勋做完手术仅仅一个月后，1991年6月，第一届亚太地区国际颅底外科研讨会在日本召开，他带着刚刚整理好的论文《脑干胶质瘤手术治疗》，在大会上作了报告，引起了不小的轰动。同月，在莫斯科举办的欧洲神经外科第九届大会上，王忠诚作了题为《中国神经外科历史和现状》的报告，又一次提到了脑干胶质瘤手术治疗的成功经验，让欧洲同行惊喜不已。

一年后，肖志勋恢复得很好，由一个重病患者变成了一个健壮的小伙子。肖占英带着他来医院复查，王忠诚亲自接待了他们，并安排了详细的检查。结果显示，肖志勋病情稳定，没有复发迹象。肖占英激动地说："本以为志勋不会恢复得太好，没想到，他现在不仅能帮我做家务了，还可以干一些清理猪圈等体力活。"

两年后，肖志勋返回校园，并顺利地读完了中学。

十八年后的2009年，已经结婚生子的肖志勋带着父亲和妻儿，专程来到北京，拜访了他的救命恩人王忠诚。

方秋荣的病情比肖志勋更严重。虽然她的肿瘤也是长在脑干上，但是，她的脑干上不仅长了两个肿瘤，而且两个肿瘤的病理性质还不一样。

在颅内肿瘤中，多发性不同病理性质的肿瘤极为罕见，连王忠诚都是第一次见到。方秋荣的肿瘤一个在幕上中脑背侧意识区，是松果体肿瘤；另一个在幕下延髓闩部呼吸中枢，是血管网状细胞瘤。王忠诚给她做了多次检查，确定了这个诊断。他感慨地说："我搞了一辈子脑外科研究，做过几千例脑瘤手术，近百例脑干手术,这样的病例还是第一次遇到。"

方秋荣的丈夫刘均洪听到这话时,心里七上八下的,他担心王忠诚不能为妻子做手术。

这是1994年的春天,王忠诚已经69岁,获得的荣誉数不胜数,按说已经不是个喜欢冒险和创新的年纪了。但是,为了治病救人,他还是愿意挑战,哪怕患者仅有一线生机,他也要努力争取。

方秋荣的病情远比想象的复杂。在手术的准备过程中,又检查出她患有病态窦房结综合征,每分钟的心率仅为40多次。本来脑干多发肿瘤的手术风险就特别大,再加上心脏功能不正常,许多人都觉得凶多吉少。

王忠诚没有退缩。他和几个弟子一起制订了手术方案,先请内科给患者安装了心脏临时起搏器,以防麻醉时出现意外。

3月2日上午,手术正式开始。王忠诚亲自主刀,他的学生张俊廷、石祥恩担任助手,王保国副主任医师担任麻醉师。麻醉很顺利,方秋荣的心脏没出问题。王忠诚拿起手术刀,切开了头皮,张俊廷和石祥恩相互配合,锯开了颅骨,然后一层层深入,直到分开脑组织,露出肿瘤。每个手术环节都有条不紊、准确无误。

时间一分一秒地过去,王忠诚时而亲自操作,时而指导学生,累得额头上冒出了汗。他的两个学生也都是神经外科领域的著名专家,但在如此复杂的手术面前,也只能像两个小学生一样,在老师的指导下小心翼翼地操作着。

分离肿瘤时,王忠诚全神贯注,整个身体像尊雕像,一动也不动,双手却在显微镜下忙活着。他额头上的汗越来越多,护士轻轻地帮他擦掉。

肿瘤成功与正常组织分离,然后是止血、切除、再止血……经过 6 小时 15 分钟,两个肿瘤被完全切除,手术顺利完成。

术后,方秋荣的肢体功能渐渐恢复,能够自如行走了。她的心脏功能也渐渐好转,心率提高到正常的每分钟 70 多次。

3 月 28 日,方秋荣痊愈出院。临行前,她与医护人员依依话别,她的丈夫刘均洪也一再表示感谢。刘均洪激动地说:"王忠诚院长让秋荣获得了新生,真是恩同再造。"

方秋荣的成功救治,为脑干多发性肿瘤的手术积累了经验。几个月后,王忠诚又碰到了一个更特殊的患者,这个名叫张守和的患者颅内竟然长了 4 个肿瘤,其中 1 个长在右小脑半球,2 个长在脑干上,1 个长在延髓内。

王忠诚用了 9 个多小时,再次成功地完成了手术,创造了脑干多发性肿瘤手术的奇迹。《健康报》《中国卫生信息报》《北京晚报》等多家报刊进行了报道。

至此,王忠诚已经做了 100 多例脑干肿瘤手术,数量绝对是世界第一,而死亡率仅 1%,也属世界领先水平。他的手术技术已经炉火纯青,达到了登峰造极的地步。按他自己的说法:"现在世界上能做的神经外科手术,中国已经都能做;世界上做不了的,有的我们也已经成功做过了。"也就是说,从那时起,王忠诚和他领导的天坛医院已经以无可辩驳的优势,站在了世界神经外科学的前沿。

此时的王忠诚已经 69 岁,即将进入古稀之年。他的身体在早年受过强烈的辐射,虽经多方调整,但一直不算太好。因此,在学术研究和临床实践中,他开始有了力不从心的感觉。于是,他决定调整工作重心,把主要精力转移到推动全国神经外科事业的发展上,在全国建立一个神经外科网络,把全国的神经外科水平整体推到世界先进水平行列。

"我国的神经外科要走向世界,首先要解决好老百姓看病难的根本问题。光拿几个单项冠军代表不了国家的整体水平,只有拿下团体赛的冠军,才是真正攀登上世界神经外科学的高峰!"王忠诚说。

王忠诚关于单项和团体的说法,意思与"一花独放不是春,百花齐放春满园"异曲同工。他觉得,只有几个大城市的神经外科研究所取得了一些让世界瞩目的成果,还远远不够,只有全国的神经外科水平得到普遍提高,使广大患者都能就近得到有效的治疗,整体治愈率明显提高,才可以说中国的神经外科真正强大了。

为了实现这个宏伟的目标,王忠诚开始着手组建全国的神经外科网络。

我国地广人多,医疗事业发展很不平衡,许多地区还没有神经外科医院,当地患者只能千里迢迢跑到北京或上海看病。要想建立网络,必须从最薄弱的环节入手。王忠诚的第一步行动,便放在了老、少、边、穷地区神经外科的创建、发展、进步和提高上。

这时,贵阳市第二人民医院出现在了王忠诚的视野中。这所医院作为西部地区的市级综合医院,技术比较落后,院领导针对当地缺乏脑科医院的现状,大胆提出"贷款引资,横向联合,创办贵阳脑科医院"的设想,并在全国范围内寻求技术支援。

"踏破铁鞋无觅处,得来全不费工夫。"王忠诚正在全国寻找建立网络的突破口,贵阳市第二人民医院的领导就找上了门,两家自然是一拍即合。

于是,69岁的王忠诚亲自率队跑了一趟贵州,对贵阳市第二人民医院乃至贵州省进行了考察。

走在红军走过的贵州大地上,王忠诚不无伤感地看到,老区人民的生活仍然贫穷,有些地方连温饱问题都没解决。由于缺医少药,老百姓找不到地方看病,也看不起病,脑肿瘤、癫痫等脑血管病患者只能在家里忍受病痛的折磨。

看到这种情况,王忠诚心里很难受,眼角不自觉地流出了泪水。老区人民为革命做出了那么大的贡献,现在有病却得不到治疗,作为一名共产党员,他觉得问心有愧。

考察还没结束,王忠诚就做出了决定,全力支持贵阳市第二人民医院创办脑科医院。

回到北京,王忠诚把自己的决定向北京市副市长何鲁丽作了汇报,得到何鲁丽的大力支持。她明确批示:天坛医院代表首都人民扶贫支边,要把贵阳脑科医院办成西南地区的神经外科中心。

1994年底,王忠诚代表天坛医院与贵阳市第二人民医院正式签订了协议,联合创办贵阳脑科医院。协议中,双方明确,天坛医院提供无偿扶持与无私援助,贵阳脑科医院同时挂牌为"北京天坛医院神经外科协作医院"。医院争取在五年内全部建成,达到国内相应等级医院的先进水平。

王忠诚在全国建立神经外科网络的宏伟蓝图上终于画出了第一笔,也是最重要的一笔。这次合作,探索了在全国建立神经外科网络的新路子,找到了一条快捷简便的新途径,总结出了扶持与协作的经验,对我国神经外科的整体发展有着重要的意义。

这时,王忠诚又迎来了两件喜事,一是他光荣当选为"中国工程院院士",二是他领衔研究的"脑干肿瘤的外科治疗"获得该年度"国家科技进步二等奖";再加上贵阳脑科医院的签约,迈入古稀门槛的王忠诚可以说是"三喜临门",同事和弟子纷纷前来贺喜。

祝贺之余,大家纷纷关心起他的身体。有的劝他:"在神经外科领域,你已经功成名就,达到了事业的巅峰,再拼命还有什么意义?"

有的说:"现在,您应该把健康放在第一位,和普通的退休老人一样安享晚年。"

家人也劝他:"年龄大了,身体又不太好,该休息了。"

王忠诚笑而不语,但他没有停歇,每天依然按照他自己的计划忙碌着。他不仅继续为他的"网络"建设东奔西走,还不忘科研和临床。1995年春天,70岁的王忠诚又亲自主刀,成功切

贵阳脑科医院开业典礼

除了一例世界罕见的巨大脊髓内肿瘤。

1995年春节前夕,江苏省淮阴市(现淮安市)第二人民医院的家属院里,家家户户都在忙着筹备年货,一派节日气氛。然而,在医院党委书记范继才的家里,却连一点过节的迹象都没有。

范继才独自坐在沙发上,望着躺在床上的儿子范勇,目光呆滞。一年前,儿子在一次跑步中偶然发现双腿活动失调,以后渐渐加重,走路时打晃,双上肢也出现了抬举困难的症状。他带着儿子去一家神经外科较好的医院看了看,被诊断为髓内巨大肿瘤。身为医院领导,他对一些医学常识还是很清楚的,知道这是世界上尚未完全攻克的医学难题之一。

脊柱支撑着人的躯体,脊柱椎管里的脊髓更重要,它支配着人的知觉和运动。椎管的脊髓内长了瘤子,就像一根水管中堵了一块石头,上下不通,造成瘫痪。这个病对人体功能影响很大,然而治疗起来没有什么好办法,尤其是很难做手术,因为医生的每一个细小动作都关系到病人的生与死、健康与瘫痪。多年来,脊髓内肿瘤只能做活检和减压,顶多是部分切除,没人敢做全部切除手术。

这个诊断结果,对范继才来说无疑是晴天霹雳。可是,作为一家之长,作为男人,他在家人面前不能表露出过多的忧愁,只好把痛苦深埋在心里。

春节当然没有过好,儿子的病痛让全家人没了过节的心情。大年初二,范继才坐不住了,他不能眼看着儿子的病情一天天加重,决定带着儿子去省城求医。

范继才到了省城南京,找到了南京最好的医院和神经外科专家,做了最详尽的检查。专家看了范勇的检查结果,给出的诊断与淮阴医院一样,处理方式也大同小异。专家无可奈何地摇头说:"肿瘤太大了,这个手术我不敢做。"

"您能不能给我指条路,国内有谁能做这个手术?"

专家摇头:"据我所知,不仅国内没人敢做,世界上估计也很少有人敢做。"

范继才的心一下子凉了,无奈地回了淮阴。

范勇的病越来越严重,一天比一天消瘦,肢体的功能也越来越差。范继才看在眼里,痛在心里。不行,不能让儿子在家里等死,就是找到天涯海角,也要为儿子找到再世华佗。

范继才决定去一趟上海。他听说过那里的神经外科水平比较高,想去看看那里有没有办法。到了上海,他找到了一个著名专家,把核磁共振片子小心翼翼地递到专家手里。

专家接过片子,认真看了半天,肯定地说:"这个病治不了!回家等着吧,孩子想吃啥就给吃啥。"

这个专家在国内应该算是很权威了,做出这样的结论,无疑是给范勇判了"死刑",范继才的希望顷刻间化为泡影。然而,专家已经这么说了,范继才也没有其他办法,只得拖着沉重的脚步回家,按专家的说法"等着"。

在家"等着"的日子里,范继才一直守在儿子身边,强打精神与儿子聊天,挖空心思为儿子做好吃的。他想在孩子有限的生命里,尽可能多地给他一点关怀和父爱。

这天,范勇吃了点东西,昏昏沉沉地进入了睡眠状态。范继才信手翻看着前段时间没顾上看的报纸,突然发现了一篇介绍王忠诚和北京天坛医院的文章，他眼睛一亮，迫不及待地读起来。

范继才过去就听说过王忠诚，知道他是著名的神经外科专家，脑瘤手术做得特别好。这张报纸上的文章告诉他，王忠诚不仅脑瘤手术做得好，还在不断地突破神经外科的"禁区"，使很多"不治之症"变为可治。

绝望中的范继才看到了一丝希望的曙光。他想起本院泌尿科主任的亲戚在北京天坛医院工作，便决定去找这位亲戚帮忙，争取让王忠诚给看一看。

2月下旬的一天，范继才和爱人一起，抬着儿子直奔北京。来到天坛医院，他们先找到了王恩真主任，请王主任引见去找王忠诚。当时，王忠诚正好不在医院，王恩真主任便带着他们先去神经外科看了另一个专家的门诊。

检查发现，范勇全身肌肉严重萎缩，可以说骨瘦如柴，1.8米的身高，体重还不到45公斤。他的四肢一点力气也没有，躺在担架上一动不动，只有那双眼睛还在眨动。

专家看了范勇的片子，遗憾地告诉王恩真和范继才："以前的诊断没有错，治疗方法只能是手术。但是，这么大的肿瘤，手术难度很大，世界上都没有人做过，我们也做不了。"

范继才的心一下子凉了大半截，但他仍不甘心，试探地问："王院长也做不了吗？"

"王院长也没做过。但你可以找他看一看，只要他敢做，那就还有希望。如果他说不能做，你跑遍全世界也没有办法了。"

第二天，王恩真带着范勇的片子，抱着试试看的想法找到了王忠诚，以求最后的定夺。

王忠诚正认真研究患者的 CT 片

王忠诚反复地看片子，不由得倒吸一口冷气。只见一条粗 2.5 厘米、长 22 厘米、形状像毛毛虫状的肿瘤横卧在延髓、颈髓以及上胸髓之内，占据了 9 节椎体，把脊髓挤向周围，挤得像葱皮那样薄。他边看边喃喃地说："瘤子太大，神经系统严重受压，没有退路……"

"能做手术吗？"王恩真忐忑地问。

"手术风险很大，但也有成功的希望。"王忠诚的话不多，但字字有分量。

王忠诚经过慎重考虑，决定收治范勇，亲自给他做手术。王恩真立刻把这个喜讯告诉了范继才。

范继才听王恩真一说，激动得热泪盈眶，兴奋得语无伦次："儿子这回算是有救了！这回算是有救了！"

范勇被抬进了神经外科八病房，住上了院，开始做术前的准备。王忠诚亲自为他做了一系列的检查，又专门召开会议进行了病例讨论。大家一致认为，患者肿瘤巨大，肢体神经受损严重，手术难度极大，稍有不慎，很可能会出现高位截瘫，甚至造成延髓受损危及生命。但是，除了手术，没有任何保守治疗的选择。

有人劝王忠诚："这是一个世界性的难题，咱们也没有经验，还是别冒这个险了吧？"

"您已经 70 岁了，早已功成名就，万一这次……"

"医生的名声再重，也重不过病人的生命。"王忠诚不为所动，仍坚持做这个手术，"外科手术谁也不敢打包票，生与死的界限很微妙，而重大手术一般情况下都是风险大于希望。这例手术确实是一例高精尖难的手术，有巨大的风险，可是，只有承担巨大的风险，才能为患者争得生存的希望。"

王忠诚态度坚决，别人也不好再说什么，只能全力配合。

为了解决这个世界性难题，王忠诚又开始了全面慎重的术前准备。他翻阅了大量的国内外文献，对脊髓结构及功能进行了仔细研究。他结合本院脊髓外肿瘤手术成功的经验，通过对动物脊髓血管栓塞模型的试验，探索脊髓内肿瘤入路的办法。王忠诚心里渐渐有了底，并越来越自信。他觉得，肿瘤不但有可能被全部切除，术后病人的瘫痪症状应该也会有明显改善，甚至有恢复健康的可能。

3 月 16 日，一个普通得不能再普通的春日，但对范勇来说，却是个生死存亡的重要日子。早晨 7 点 30 分，护士把他推进了手术室，开始做术前麻醉准备。麻醉科主任王恩真教授亲自为他实施了麻醉。

这一天对王忠诚来说，也是一个重要的日子。他要么创造历史，要么留下医学生涯的重大遗憾。这天他起了个大早，简单地吃了早饭便赶到手术室，认真地检查了手术的准备情况，重温了手术方案。8点30分，他带着助手张俊廷副主任医师走上了手术台，开始做这个举足轻重的脊髓肿瘤全摘除手术。

手术开始，一切顺利，戴着老花镜的王忠诚不断调整自己的位置，以便使自己和助手的手术视野保持最佳。后颅凹及椎板被打开，王忠诚手持手术剪小心翼翼地剪开了硬膜。这时，白白的脊髓暴露出来，上面布满了血管，却看不到肿瘤在哪里。

肿瘤当然就在其间，但从哪里下手呢？王忠诚有些为难。考虑了足足有3分钟，他才做出决定。他先纵向切开脊髓，从肿瘤的上端延髓向下一点点分离，分离到约一半时，又从肿瘤下端胸髓慢慢地向上剥离，然后避开血管，再剥离中间。手术的速度很慢，每下一刀王忠诚都要考虑再三。他知道，在这个节骨眼上，每一个动作，每一次指导，都关系到病人的生命安全。稍有不慎，前面所做的一切努力都会付诸东流。

时间一分一秒过去，墙上钟表的时针已经指向了下午5点钟，手术室其他手术都早已结束，王忠诚和助手们还在艰苦地剥离着肿瘤，连午饭都没顾上吃。在不到30厘米长的刀口处，一条褐色的瘤体被一点点分离出来。

手术室外，范继才坐在椅子上，不时地看手表，不时地站起身子向手术室观望。他看不到自己的儿子，却看到其他患者一个一个被平安推出来，手术室外等候的患者家属也一拨一拨地离去。他相信王忠诚的医术，也在心里祈盼着手术成功，但随着时间的推移，他的心里越来越紧张。

5点30分,手术取得重大突破,瘤体终于被完整地端了出来。王忠诚和张俊廷相视一笑,手术室的气氛顿时变得轻松了些。

此后的手术环节进行得很快,时钟指向6点15分时,手术全部结束。

经过9小时45分钟的艰苦努力,手术成功了。长22厘米、粗2.5厘米的髓内巨大肿瘤被成功摘除,不仅国内绝无仅有,在世界范围内也是第一例。手术室里一片欢腾。

看到王忠诚面带笑容走出手术室,站在门口的范继才松了一口气。但他还不放心,赶紧迎上来,急切地问:"王院长,手术怎么样了?"

"瘤子全取出来了,放心吧。"王忠诚短短一句话,却像和煦的春风,抚平了范继才眉宇间的愁结。

"太好了,太好了!谢谢,谢谢!"范继才激动不已。

术后,在医护人员的精心监护下,范勇成功地度过了危险期,慢慢康复,1个月后出院。

从北京回到家,范勇的身体恢复得很快,3个月后就完全康复了,体重增加到60多公斤。

一个久卧病床、病入膏肓、一切都要人照料、被许多专家判了"死刑"的青年,半年之后竟奇迹般地站了起来,和常人一样有说有笑,有跑有跳,还能骑着自行车到处转,一时被传为佳话。

17年后的2012年,王忠诚逝世,范勇还活得好好的。他手术后没有留下任何后遗症,不仅结了婚,还有了一个可爱的女儿,生活平静而幸福。

给范勇做完手术,王忠诚又先后为130多位脊髓内肿瘤患者做了手术,年龄最大的65岁,最小的8岁,都获得了成功。术后除两例出现硬膜外积液,修补后症状好转外,大部分患者得到了满意的恢复,无一例肢体瘫痪或死亡。

王忠诚通过完成这个"世界首例",打开了一个领域,救活了一批患者。一年后的1996年,他又完成了一个创举,成功切除直径6厘米的血管网状细胞瘤,又打开了一个新的领域。

1996年初夏,白求恩医科大学第一附属医院内科一位名叫丁惠的主治医生突发剧烈头痛。本院神经外科的医生给她做了详细的检查,发现其颅内长了一个巨大肿瘤,直径达到6厘米。丁惠是个很能干的青年骨干医师,刚刚硕士研究生毕业,还不到30岁,却突然患上了罕见的肿瘤,这不能不引起白求恩医大领导的高度重视。结合本院神经外科的意见,学校决定请王忠诚前来会诊及手术。

根据学校安排,白求恩医科大学神经外科副主任张吉斌教授陪同丁惠的丈夫来到天坛医院,找到了王忠诚。

王忠诚仔细看了MRI片子。他发现,肿瘤的上界深入丘脑,下界占据颅后窝,将中脑、脑桥挤向斜坡,将小脑半球和第四脑室向下压迫,并伴有脑积水和慢性枕大孔疝。肿瘤太大,又位于脑的深部,要想完全切除肿瘤,而不损伤脑干和基底节等重要结构,相当困难。于是,他对张教授说:"这个肿瘤是血管网状细胞瘤,瘤子太大了,手术很难做,去你们那里做我没有把握。还是来天坛医院吧,这里条件比你们那边好。"

几天后,丁惠住进了天坛医院的神经外科八病房,王忠诚亲自上台为她做了肿瘤完全切除术。术后,丁惠恢复得很快,没有留下任何后遗症。仅仅过了三个月,她就完全康复,回到了工作岗位上。

同年7月初,外地医院又转诊来一个患"血管网状细胞瘤"的年近62岁的病人,检查发现肿瘤的供血极为丰富,还严重压迫着脑干。由于病人年龄大,脑血管走行又十分迂回,术前栓塞也很困难,手术难度很大。

这时,王忠诚已经做了将近300例脑干肿瘤手术,手术死亡率不到1%,这是世界最好的治疗效果。这一例情况复杂,有可能增加死亡率,他完全可以不做这个手术,但他并没有放弃。他将CT、MRI、DSA片反复研究了几天,还是决定手术。

7月9日,王忠诚带着张俊廷为病人做手术。上午9时,手术正式开始,直至下午4时才结束。手术中,因肿瘤出血严重,切除困难,再加上手术时间长,王忠诚出现心律不齐的反应,他大汗淋漓,后背都被汗水浸湿了。大家担心王忠诚累垮,几次劝他下台休息,但他说什么也不肯,一直咬着牙坚持,直到成功地将直径5厘米的大血管网状细胞瘤全部切除。

这年的11月,在澳大利亚悉尼召开的亚澳神经外科第八届国际会议期间,王忠诚作了题为《脑干肿瘤外科治疗》的学术报告,给代表们留下了极为深刻的印象。澳大利亚神经外科学会秘书长阿特金森(Atkinson)教授对他说:"您在脑干肿瘤手术治疗

王忠诚在国际学术会议上作报告

上取得的成绩令人钦佩。您报告的题目应该改为 The Art Of Neurosurgery(神经外科艺术)。"

的确,像这位澳大利亚神经外科专家说的一样,70岁的王忠诚已经把神经外科手术的技术上升到了艺术的境界——他的操作手法很精巧,切口很小,却总能准确找到瘤体;他的手术过程刚柔相济,该快的时候快,该慢的时候慢,尤其是分离肿瘤时非常轻柔,最大限度地减轻对脑组织的损伤;他在切除肿瘤时准确快捷,干净利落,行云流水,一气呵成,没有一点多余的动作……一件冷冰冰的手术器械,到了王忠诚的手里,便充满了灵性,时而像是一支画笔,在画着精美的图画;时而又像是一枚绣花针,在绣着独特的艺术品。

谈起手术的艺术,王忠诚曾经说:"中国人手巧,这是一方面。最重要的是,中国医生经验丰富,我就是得益于大量经验的积累。比如脑膜瘤手术,脑膜瘤血管很丰富,有些医生做这个手术需要输血4000毫升,这其实是他不会做。脑膜瘤有一个供血点,把这个供血点先掐断,流血量就会大大减少。找到这个窍门,只需要输800毫升血,瘤子就可以全部拿掉,10天便可以恢复出院。血管母细胞瘤手术也是很棘手的,里边都是血管,一旦弄破,一个钟头都不一定止得住血,这会要命的。我怎么做呢?这个肿瘤有输入、输出血管,把输入的血管掐了,输出的不能掐,然后把整个肿瘤刨下来,就是一个几乎不流血的手术。"

王忠诚把技术升华到艺术,在世界神经外科领域创造了神话般的辉煌,成就和贡献为世人所瞩目。为此,他光荣地获得了1997年度"何梁何利基金科学与技术成就奖"。

"何梁何利基金"是香港著名的科技奖励基金,是由何善衡慈善基金会有限公司、梁銶琚博士、何添博士及利国伟博士之伟伦基金有限公司各捐资1亿港元联合设立的。基金的宗旨是通过奖励取得杰出成就的科技工作者,倡导尊重知识、尊重人才、崇尚科学的良好社会风尚,激励一代代科技工作者不断攀登科学技术高峰。

基金设"何梁何利基金科学与技术成就奖"和"何梁何利基金科学与技术进步奖"。前者授予长期致力于推动国家科学技术进步,贡献卓著,并取得国际高水平学术成就者;后者授予在特定学科领域取得重大发明、发现和科技成果者,尤其是近年有突出贡献者。

基金每年评奖一次,参照国际惯例,遵循"公平、公开、公正"的原则,按提名推荐、资格认定、初评、终评、颁奖的程序进行。评选委员会指定一批在学科领域具有学术权威的科学家为提名人,向评选委员会推荐获奖候选人。提名结果经评选委员会认定后,由各专业评审组初评,提交评选委员会进行终评,以无记名投票形式确定获奖人。"何梁何利基金科学与技术进步奖"须经半数以上委员同意,"何梁何利基金科学与技术成就奖"须经三分之二以上委员同意。

基金每年的颁奖总额控制在1500万港元以内。其中,"何梁何利基金科学与技术成就奖"每年最多不超过3人,每人奖金100万港元;"何梁何利基金科学与技术进步奖"人数不定,每人奖金不超过20万港元。

1997年,经过评选委员会认真评选,王忠诚和钱伟长脱颖而出,携手获得了"何梁何利基金科学与技术成就奖"。王忠诚靠的是他对中国神经外科做出的巨大贡献,而钱伟长是著名力学家、应用数学家、教育家和社会活动家,是我国近代力学的奠基人。两人获奖都是实至名归。

9月23日,在刚刚回归祖国的香港,一年一度的颁奖大会隆重举行。国务院副总理的朱镕基和香港特首董建华出席了大会,并为"何梁何利基金科学与技术成就奖"两位获得者颁发100万港元的奖金。

对于这笔奖金,朱镕基副总理专门批示:两位科学家所获奖金,只用作个人生活补贴,任何组织和个人不得干预。

王忠诚拿到这笔巨款,不由得心潮澎湃。他想起了自己艰苦的求学生涯,想起了科研初期到坟地里挖尸体的经历,想起了四处"化缘"建设医院和科研所的苦楚,想起了一次次面对红包的场景……他觉得,如今的自己已经不再需要这一大笔钱,需要的是培养神经外科事业的后备人才,为那些有潜力的后备人才提供支持和帮助。于是,他做出决定,把这笔钱捐出去,投入到他为之奋斗一生的神经外科事业中。

后来,王忠诚参照"何梁何利基金"的模式,用这笔钱设立了一个基金,名字叫"王忠诚优秀医学人才奖励基金"。同时,设立"王忠诚医学优秀人才奖",奖励和资助"爱岗敬业、医德高尚、技术精湛"的优秀医学专业技术人才。这个奖每年颁发1次,每次评选2~3名,参评者可以通过个人申请或单位、专家推荐,经专家评议、评委会审定后,授予获奖证书和奖金。

"王忠诚优秀医学人才奖"虽然算不上什么大奖,奖金也只有3万元,但从中可以看出王忠诚培养后人的良苦用心,看出他对神经外科事业的殷殷之情,对中国神经外科整体走向世界的期盼。

王忠诚知道，他个人已经走到了顶点，中国神经外科要想在世界上保持领先地位，要靠后人的继续努力。

如果把人的一生比作四季，那么古稀之年无疑应该算"深秋"。经过了春播夏长，在人生的秋天里，王忠诚迎来了密集的收获期。

就在 70 岁那年，王忠诚毫无争议地荣获了"全国卫生系统先进工作者"的称号，他的科研成果"脑干占位性病变及其外科治疗"获得了"国家科技进步二等奖"，北京市科学技术委员会作出《向王忠诚同志学习的决定》。

尉健行（左）为王忠诚（右）颁发"北京市优秀共产党员"荣誉证书

1997年,他被中国科学技术协会评为"全国优秀科技工作者",被北京市委授予"北京市优秀共产党员"称号,荣获"首都精神文明建设奖章",荣获"何梁何利基金科学与技术成就奖"。这年,他还光荣地当选为中国共产党第十五次全国代表大会代表。

1998年,他当选为第九届全国人民代表大会代表、主席团成员。

1999年,他的科研成果"脊髓髓内肿瘤显微外科手术治疗的基础与临床研究"再获"国家科技进步二等奖"。他被北京市总工会授予"首都楷模"称号,参加了国庆50周年系列庆典,受到党和国家领导人的亲切接见。

2000年,他荣获卫生部颁发的"白求恩奖章"。

2001年,他被评为"全国优秀共产党员",当选为中国共产党第十六次全国代表大会代表。

在国际上,他先后两次被美国传记研究所评为世界名人,授予"杰出领导奖"和"国际公认奖";被英国剑桥国际传记中心授予"国际荣誉勋章"。2001年,他更是被世界神经外科联合会授予"世界神经外科最高荣誉奖章"。

2000年4月,在美国召开的世界神经外科联合会执行委员会会议上做出了一个决定:将21世纪第一个"世界神经外科最高荣誉奖章"授予王忠诚,以表彰他为中国乃至世界神经外科及相关学科的发展所做出的卓越贡献。

2011年9月15日,在景色怡人的澳大利亚海滨城市悉尼,世界神经外科联合会第十二届年会隆重召开。联合会主席萨米教授亲手将一枚金光闪闪的最高荣誉奖章授予了王忠诚。萨米

王忠诚领取最高荣誉奖章现场

教授在讲话中说："王教授对中国神经外科的发展和人才培养做出了巨大贡献,世界神经外科联合会为有王忠诚教授和中华医学会神经外科学分会而骄傲。"会场响起了雷鸣般的掌声,经久不息。

这枚沉甸甸的最高荣誉奖章,是世界神经外科领域级别最高、分量最重的奖章。该奖章每四年才颁发一次,王忠诚是获此殊荣的第一位中国医生。

这枚奖章的获得,标志着中国神经外科得到了世界的承认,标志着以王忠诚为代表的中国神经外科人挺起了脊梁,走向了世界……这不仅是王忠诚的至高荣誉,也是中国神经外科的至高荣誉。

第八章

着眼未来

2001年,王忠诚76岁,虽然每天坚持锻炼,但由于早年受到过多X线辐射,后来又常年高强度、长时间地做手术,他渐渐患上了严重的腰椎间盘突出症和双下肢静脉曲张,身体状况已经不适合再继续做手术。

年底,王忠诚做出决定,正式"封刀"。当时,有些年龄比他大的医生还活跃在手术台上,他却急流勇退,有些人不理解。他解释说:"只有各方面条件都是最好、最合适的医生,才能上手术台。我的身体条件已经不允许了,不能拿病人的生命开玩笑。"

就这样,王忠诚在做了一万多例开颅手术之后,宣布退居二线了。据了解,国外的外科医生一般63~65岁就退休了,王忠诚坚持到了76岁,多做了十多年手术,已经相当不容易。

从2002年开始,王忠诚就再没有亲自上过手术台,而是把手术刀传给了他的学生。他的传授是具体的,每逢重要的手术,他都要到现场具体指导;每次手术出现了疑难问题,他总要充当"救火员",充当学生们的掌舵人。

在学生中,在手术方面得到王忠诚最多真传的,当数他的得意弟子、天坛医院神经外科中心副主任张俊廷。

张俊廷于1977年毕业于北京职工医学院,同年分配到北京宣武医院神经外科工作。起初,他对神经外科颇为抵触,原因是"神经外科不同于其他外科专业,风险大、难度高,手术后的病人可能成为植物人"。但当他亲眼目睹了王忠诚以精湛的医术创造了一个又一个让病患康复的奇迹时,他的观念发生了转变,"正是因为神经外科手术难度大,才更需要我们钻研神经外科手术技术,更好地为病人服务。"

张俊廷在研究患者的片子

从1988年开始,张俊廷就有幸成为王忠诚的助手,跟着老师做手术,并在很长一段时间里担任第一助手。张俊廷说:"老师每做一台手术,我都陪着,一干就是十几年。"十几年的助手生涯,耳濡目染,加之老师的悉心教导,张俊廷进步很快,在脑干肿瘤、脊髓髓内肿瘤的显微外科手术治疗方面,达到了很高的水平。

2000年6月那次创造世界纪录的手术,张俊廷也是担任第一助手。当时,在手术过程中,王忠诚有意把他推上前台,指导他完成了大部分手术环节。患者周易是个来自云南昆明的小伙子,肿瘤直径达到了6.5厘米,相当于一个孩子的拳头大小,而且长在后脑深处的颅底部分,紧挨着脑干和小脑,手术难度世界罕见。而且,周易做过两次手术,脑组织正常结构被破坏,严重的粘连和疤痕把肿瘤和脑干连在了一起,更增大了手术难度。最后,他们用了整整13个小时的时间,成功切除了直径达6.5厘米的血管网状细胞瘤,创造了世界神经外科史上的奇迹。

在这台堪称"艺术杰作"的手术中,王忠诚镇定自若地指导,张俊廷挥洒自如地操作,师生的合作几近完美。王忠诚对张俊廷的表现很满意,从那以后,在对疑难重症的治疗研究中,他都刻意带着张俊廷。

2002年,王忠诚封刀以后,张俊廷正式接过了老师手中的手术刀,挑起了中国神经外科的大梁。在老师的指导下,他越战越勇,短短时间内就成功挑战了多起"不治之症"。

这年8月,53岁的美籍华人周立宏患上了极其罕见的巨大颅底脑膜瘤。他到美国当地的一家州立医院就医,医生当即决定为他实施手术治疗。在手术过程中,医生的手术刀刚触及瘤体,就引起了严重的出血现象,医生手忙脚乱,只切除了部分肿瘤,便草草结束了手术。医生告诉周立宏,像这种巨大颅底脑膜瘤,属于超高难度的手术,世界上没有医生敢做,即使做了,也不可能成功。

周立宏绝望了,他的妻子和女儿却不甘心。她们听说天坛医院的王忠诚是世界上最好的神经外科医生,便托朋友把周立宏"护送"回国,到天坛医院求医。

12月6日，周立宏在妻女的陪伴下，来到了天坛医院。得知王忠诚已经封刀，周立宏很失望，但又听说张俊廷的医术也很高，便看了张俊廷的专家门诊。

张俊廷见到周立宏时，周立宏由于脑瘤压迫视神经，已经双目失明，并伴随意识障碍，随时都有生命危险。核磁共振显示，肿瘤直径超过6厘米，紧贴颅底重要神经和血管，瘤体内血管非常丰富，供血充足，确实极为罕见。他没有碰到过这么严重的病例，不知该怎么处理，只好请示王忠诚。

王忠诚看了周立宏的病例和影像资料也很惊讶。他行医50多年，也没有见过这样的肿瘤，加之患者在美国已经做过一次手术，脑组织和肿瘤的分界已经不清楚，手术难度更大。认真看过后，他说："我觉得，手术成功的希望只有50%，但如果不做，病人就只有死路一条。"

"即使只有1%的希望，我们也要求做这个手术。"患者家属态度坚决，强烈要求手术。

王忠诚同意了，把患者收进了神经外科七病房。他特意告诉张俊廷，认真做好准备，全力挽救患者的生命。

张俊廷的肩膀上一下子压上了一副千钧重担。他和老师一起，根据患者的病情和身体状况，认真研究治疗方案，做好各种手术前的准备。医院领导也很重视，专门成立了由张俊廷、贾桂军、刘佰运、吴震等医生组成的治疗小组，指定张俊廷主刀，麻醉科主任王保国、手术室护士长王彩云全力配合，王忠诚坐镇指挥，全程指导。

2003年2月27日早上7时40分，周立宏被推进了4号手术室，一切术前准备工作就绪。

手术开始了,王忠诚提出要求:切口只打开原切口的三分之一,减少创伤。张俊廷心领神会,娴熟地按老师的要求做了。随后,张俊廷给患者施行了颈外动脉栓塞术,阻断瘤体的部分血液供应。分离肿瘤时,出血也很严重,王忠诚不断提示注意事项,张俊廷小心翼翼地操作,每个步骤都完成得无懈可击。

经过9个小时的连续作战,下午5时40分,肿瘤被全部切除,手术获得了成功。后续的手术操作比较顺利,但也用去了3个多小时,一直到晚上9时才结束。当张俊廷告诉等在手术室外面的患者妻女手术成功时,两个人都哭了。周夫人激动地说:"从今以后,2月27日就是周立宏的第二个生日,您和王院长就是他的再生父母。"

2月28日,王忠诚率领张俊廷和其他学生查看病人。他俯身仔细检查,发现患者神志清醒,呼吸、心跳、血压平稳,四肢活动自如,他欣慰地对张俊廷说:"手术非常成功!你创造了世界神经外科的奇迹!"

术后一周,周立宏的视力奇迹般地恢复了,他看到了救命恩人张俊廷。出院后,他不仅生活能够自理,还能给家人做饭。那位给周立宏下过"死亡判决"的美国医生听说了这个消息,钦佩地对中国神经外科竖起了大拇指。

关于这次手术,张俊廷后来回忆说:"这次手术做了12个多小时,老师一直坐在旁边给我指导,我心里一直很有底气。再说了,一个78岁的老人坐在我们身边,和我们一起工作,这种精神力量给我们的鼓舞也是巨大的。"

无独有偶。2004年10月,57岁的美籍俄罗斯人乌拉基米尔也因脊髓内肿瘤在美国求医无果,来到了北京天坛医院。

乌拉基米尔患的是上胸髓内脂肪瘤,也很罕见,手术成功率极低。这类脂肪瘤大多是先天性的,在胚胎里即生成,与脊髓紧密生长在一起,要想全部切除肿瘤,脊髓受损的可能性很大。况且,乌拉基米尔的肿瘤生长在脊髓的内侧,手术更是难上加难。

张俊廷把乌拉基米尔的病情向王忠诚作了汇报。师徒二人经过详细缜密的讨论,做出了手术的决定。

手术仍然由张俊廷主刀,王忠诚在手术室坐镇指挥。张俊廷细心地切开脊膜,深入到脊髓内狭小的空间,在极小的视野里分块切除肿瘤。由于肿瘤与脊神经和髓前动脉紧密粘连,只能采用锐性方式分离,难免牵拉神经、血管,王忠诚不时地提醒和指导,提出手术操作的要求。张俊廷的手术刀在髓腔里游动着,既细致又精确,最大限度地减少了损伤。7个小时后,乌拉基米尔的肿瘤被全部切除,又一次在国际上引起强烈反响。

在王忠诚的指导下,张俊廷继承了王忠诚在脑干、脊椎等疑难重症的手术治疗绝技,创造性地开展了脑干肿瘤和颅底肿瘤的显微外科治疗研究,大幅度提高了这两类疾病的诊断、治疗水平,一次次完成了世界罕见的手术。他以每年成功完成颅底脑干手术500多例的数量和质量,令国际同行叹为观止,并赢得了"亚洲第一刀"的美誉。

王忠诚经常对张俊廷讲:"我希望你的手术刀能不断地在世界神经外科状元榜上刻上'中国'两个字,把神经外科事业推向更高峰。"

张俊廷无疑是做到了。

当然,王忠诚对未来的期待,并不仅仅是有个手术刀的传承人，还注意在更多的领域培养接班人。

作为王忠诚手术技能的传承人，张俊廷在谈到老师的最大成就时，用了"前瞻性"这个词。他解释说："老师的思路非常开阔、非常清晰，知道什么是最前沿、最亟待研究的项目，正因为他有这种前瞻的眼光和开拓的精神，我们的事业才蒸蒸日上。"

一些新的领域要开拓，一些新的业务要开展，王忠诚总是站在前面，领导和指导着学生们向前发展。

王忠诚既是一个老师，又是一个运筹帷幄的领导者。多年来，在打开神经外科一个课题的大门之后，他总要把他的学生带进去；在发现了更深层次需要开拓的课题时，他总会让他的学生攻上去。

早在1985年，血管内栓塞技术治疗脑血管病还是国际上一门新兴学科，它的优点是不用开颅，就能使许多无法通过手术治疗的脑血管病患者获得有效治疗。刚开始，这一学科在国内无人问津，原因是进口的栓塞材料价格昂贵，普通病人无法承受。

王忠诚瞄准了这个课题，专门成立了课题小组，把攻关的任务交给了他的博士研究生吴中学。他对吴中学说："目前欧美已经开展了神经外科血管内治疗，这种手术不用开颅，损伤小，很有发展前途。你攻一攻这个课题，争取在这个领域别落在欧美后面。"

当时，吴中学报考王忠诚的博士生，其实是冲着导师的手术技术去的。他从大学毕业就在临床工作，硕士3年也没脱离临床，一直和手术刀打交道，他的梦想就是成为像导师一样的外科手术大师。可是,导师却让他放弃手术刀,做一个不用开颅的课题,他心里有点接受不了。

王忠诚知道吴中学在想什么,便语重心长地说:"的确,这是个边缘学科,科研过程中会遇到许多困难,也有可能见不着成果。但是,这是神经外科未来的发展方向,我们必须去攻。如果遇到了困难,咱们共同去克服。"

吴中学在实验室

既然导师说到了这里,吴中学只好答应下来。王忠诚又鼓励他说:"我们这么大的国家,病人多,这个课题意义很大,如果能够拿下来,那就是一个了不起的贡献。"

当时,血管内治疗技术在国内基本是空白,国外的参考资料也很少,不仅缺乏技术,更缺乏经验,甚至连导管和栓塞材料都没有。王忠诚与吴中学一起想办法,决定从动物实验开始做起。

吴中学领来了王忠诚批给他的20条狗,用几根旧导管在狗身上反复练习穿刺,一点一滴总结经验。经过努力,他基本掌握了操作要领,准备进入临床试验。可是,导管和栓塞材料需要进口,而进口导管需要用外汇,那时外汇很紧张,研究所根本没有外汇额度。

王忠诚听了吴中学的汇报,当即决定动用他出国学术交流用的非贸易额度,从中拿出2000美金,购买导管和栓塞材料,全力支持吴中学。

栓塞材料很快用完了,只能再购买,但王忠诚的非贸易额度外汇也很有限,实在拿不出更多了。再说,材料的价格非常昂贵,即使能够找到外汇再买来一些,也觉得用不起。怎么办?

王忠诚和吴中学商量,先从栓塞材料上突破,争取国产化。于是,在王忠诚的支持和指导下,吴中学投入到栓塞材料的研究中。

吴中学不负老师所望,很快研制出了氰基丙烯酸异丁酯和乳胶球囊,填补了国内空白。他用自己研制的栓塞材料,成功地栓塞治疗了颈动脉窦瘘、颅内动脉瘤和先天性脑血管病,取得了良好的效果。广泛应用于临床后,为1800多名患者解除了病痛,栓塞治疗例数及效果都达到了世界先进水平。这项成果被评为"北京市科技进步一等奖",吴中学也因此荣获全国"五一劳动奖章"。

后来,吴中学又研制出国产导管等7种栓塞材料,不仅再次填补了国内空白,研究成果也达到了国际标准,为国家节省了大量外汇,他也因此获得了"国家科技进步二等奖"。

谈起自己的成功,吴中学感慨地说:"导师是我成功的奠基人,他花费的心血比我多得多,只是面对成功和荣誉,他把我推在前面,自己退到了后面。"

王忠诚的独到眼光和开拓精神,他最早的弟子之一罗世祺教授也感触很深。罗世祺清楚地记得,为了开展显微技术,老师曾狠狠地批评过他。"当时我的惰性比较大,长期形成的习惯是手术操作用裸眼,不习惯用显微镜。老师批评我说,'你一定要做显微镜手术,如果不做将来你没法再进步。'"

在老师的督促下,罗世祺后来成为神经外科显微镜手术的一把好手。

"显微镜手术能够做到微创，最大限度地保护病人的脑组织。"罗世祺说，老师推动的显微镜手术，是中国神经外科技术上的一次革命。

王忠诚曾经多次说过一句话："如果我算是站在神经外科金字塔塔尖的话，真希望有人能超越我！"这句话可以解读为王忠诚有宽广的胸怀，也可以解读为他"甘为人梯"。他一直想让他的学生们踏上他的肩膀，站上神经外科事业的更高峰。

北京市神经外科研究所副所长张亚卓是王忠诚培养的第一位博士后。有一次，他写了一篇论文，反复检查了两遍，才送到导师手中。王忠诚看到一半时，发现一个错别字，就用铅笔重重地做了个记号，对张亚卓说："拿回去，再检查两遍给我送来。"当他把修改后的论文第二次送来时，王忠诚又发现结尾处有几个英语单词写得不规范，又一次让他回去改。张亚卓虽然一一按老师的要求做了，可心里总觉得这是小题大做。后来，他在天津总医院偶然看到王忠诚47年前用英语打印的一份病例，才悟出导师的一片苦心。张亚卓说："当年，王老师25岁，可他书写病例的规范以及文法修养，都令我自愧不如。这份发黄的病例让我想了很多，王老师传给我的，不光是一把手术刀，更重要的是严谨的治学态度和追求完美的科学精神。"

张亚卓博士后出站后，在应用神经内镜技术治疗垂体瘤、鞍区肿瘤、脊索瘤、脑室内肿瘤、脑积水、颅内囊性病变和胆脂瘤等方面取得了突出的成绩，并总结出了一整套优于传统神经外科技术的现代微创方法，特别是对垂体瘤和脊索瘤的治疗，做到了用最小的创伤最大限度地切除病变，对严重的脑脊液漏的修复和颅底结构的重建有着独特的疗效,成为国内神经内镜领域的学术带头人。

北京天坛医院神经外科中心副主任医师万伟庆是王忠诚的博士生,他永远记得博士面试时第一次聆听老师的教诲:"你们将来有的是时间去学习手术,现在一定要做一些基础研究工作,通过做基础科研培养科学思维,将来在临床上一定有用……"

临床过硬是每一位神经外科医生能造福病人的根本,科学思维又是发展事业的源泉。王忠诚向来重视临床工作,视手术质量和临床治疗效果为生命,从而造就了神经外科界的神话。但是,他给万伟庆指出的课题方向却是基础研究,这不能不说是高瞻远瞩。

"天坛神经外科是一座金矿,你们要好好去挖掘,还有很多事情要你们去做……"王忠诚语重心长地说。

那次的见面,让万伟庆领略到了,在老师的话语中,永远的主题是发展神经外科事业,知道了自己的努力方向。此后,王忠诚的话一直指引着他踏踏实实地做好基础研究,努力做好分内的每一件事情。

博士论文初稿完成之后,万伟庆拿给了老师。王忠诚粗略地审核了一下他的论文,教导说:"要继续努力,做基础研究要如履薄冰。好好干,年轻人会有机会的,希望你们年轻人都能超越我。"

在王忠诚的鼓励下,万伟庆参加了国家自然科学基金项目"儿童和成人脑干胶质瘤细胞侵袭性差异的比较研究"、国家863重大专项"癌症基因组研究",成为"中国肿瘤基因组研究协作组(CCGC)"成员,并担任了与"美国国家癌症研究所(NCI)"

的脑肿瘤合作研究项目的中方联络员。

多年来,王忠诚带出了很多学生,他亲手培养的硕士生、博士生、博士后就有 70 多人,这些人都成为中国神经外科领域的栋梁之才。全国上万名神经外科医师中,有 3000 多人是在王忠诚的指导下成长起来的。他培养的罗世祺、赵继宗、张俊廷、张力伟等一大批专家,都成为世界知名的神经外科专家。

王忠诚为中国神经外科带出了一个让世界瞩目的"国家队",但他并不满足,又把目光瞄向了全球的华人。

2002 年 6 月 28 日,王忠诚在北京主持召开了一个别开生面的会议,到场的专家们虽然来自世界各地,却是清一色的黄皮肤,清一色的炎黄子孙。

会场上挂着巨大的横幅——"世界华人神经外科协会组建工作会议"。顾名思义,这是一次世界性的、只有华人参加的神经外科会议,主题是研究"世界华人神经外科协会"的组建工作。

这次会议是王忠诚和英国伦敦皇家医院神经外科主任高武图博士、香港中文大学潘伟生教授、台湾大学高明见教授等国际知名神经外科专家共同倡议并发起的,得到了海内外神经外科及相关领域专家学者的大力支持和积极响应。来自我国大陆、港澳台及欧美地区的 36 名神经外科专家学者参加了会议。

王忠诚首先致辞。他说:"我国的神经外科事业,从新中国成立前几乎一片空白到建立、发展、崛起,经历了近半个世纪。通过几代医学专家的共同努力,现在这个学科在许多方面都得到了国际社会的广泛认可,一些方面已经取得了世界领先的佳绩。应当说,这些成绩是海内外炎黄子孙的骄傲。近些年来,在许多国际神经外科学术会议上,涌现出越来越多的海内外华人学者,他们在所从事的神经外科及相关领域里做出了显著的成绩。这些华人学者分布于世界各地,迫切希望能够通过一个学术组织把大家联系起来,促进海内外学者在学术思想、信息传播、人才培养、资源引进与开发方面进行广泛交流,充分发挥华人学者的聪明才智,为祖国的科学事业服务。为此,我们召开这个会,商讨成立这个全世界华人的神经外科学术组织,意义重大。"

会上,专家们讨论决定了"世界华人神经外科协会"的宗旨、章程及组织机构,明确了基本任务和活动规范。它是一个面向全世界华人的神经外科及相关学科工作者的群众性纯学术组织,宗旨是"联合世界华人神经外科与相关学科的学者,并会同国外同行就神经外科与相关学科的基础理论、临床知识、相应技术和仪器设备的研制与应用等诸多方面开展学术研究与交流、技术合作与开发及推广应用,为促进中国神经外科事业的快速发展而奋斗,并在世界神经外科事业发展中做出应有的贡献"。协会还倡导全世界华人神经外科学者发扬"团结、严谨、求实和创新"的精神,树立世界华人神经外科学者的良好风范,积极鼓励和协助世界华人神经外科学者特别是优秀的青年学者参加国际性学术会议。学习国际的先进经验,扩大世界华人神经外科学者的影响。组织学者访问世界著名神经外科中心,进行专业考察、学术交流,以加快华人神经外科事业的发展。通过各种方式,按国际先进标准培训华人中青年神经外科骨干。

会议推选王忠诚为"世界华人神经外科协会"首任主席,只达石、高武图、潘伟生、高明见等为副主席。决定每两年举办一次"世界华人神经外科学术大会",为海内外的华人神经外科专家分享新的研究成果、加强联系和交流提供有效平台。

2004年3月25日上午,首届"世界华人神经外科学术大会"在海南博鳌开幕,来自国内外的1000多名神经外科领域的著名专家学者出席。王忠诚担任大会主席,涂通今、冯传宜、史玉泉、段国升担任名誉主席,只达石、吴中学、罗其中、周定标、高明见、高武图、潘伟生、戴钦舜担任副主席,张亚卓担任秘书长。

近80岁高龄的王忠诚先致开幕词,而后作了《脑干肿瘤的外科治疗》及《脊髓髓内室管膜瘤及其手术治疗》的报告,博得了会场阵阵掌声。与会者一起回顾了中国神经外科事业50年的发展历程,总结了取得的显著成就,交流了各自提交的共计800多篇学术论文。大家交流技术,畅谈友情,相互学习,共谋发展,会场气氛非常融洽。

这次大会的专题讲座内容也丰富多彩,涵盖了神经外科学的方方面面,包括:颅脑创伤性疾病的基础与临床、脑胶质瘤的基础研究和临床治疗进展、颅底肿瘤的外科治疗、颅内肿瘤的外科治疗、颅内先天性疾病(畸形)的治疗进展、儿童神经外科疾病的治疗进展、脊柱外科疾病的治疗进展、立体定向功能神经外科、立体定向放射神经外科、神经内窥镜、神经介入技术等领域。中国在这些领域的成就均代表了世界一流水平。

来自美国芝加哥大学的项乃强博士感慨地说:"中国在神经外科领域内的某些研究已达到世界水平甚至已经领先,但由于国内学者与海外联系较少,在世界权威医学刊物上发表的学术论文较少,所以国际知名度不高。希望通过这次会议,相互交流经验,相互学习帮助,进一步提高中国在神经外科领域中的国际地位。"

台湾大学医学院神经外科教授杜永光博士认为："这次华人神经外科学术大会很有意义，为彼此间的沟通交流搭建了一个良好的平台，对提升全球华人的神经外科学术力量起到了很好的推动作用。"

就是在这次大会的交流中，王忠诚发现了几个重要问题。他发现，国内医生普遍存在"重理论，轻实践，喜欢投机取巧"的问题，国内医学教育机构普遍存在理论与实践结合不够系统的问题，国内医疗机构普遍存在神经外科医生发展不平衡、专业水平不高的问题。为了解决这些问题，他觉得，必须建立起完善的专科医生继续教育和资格认证体系，规范从业行为，全面提高我国神经外科医生的专业水平。

于是，在世界华人神经外科学术大会结束不久，他便产生了一个想法——创办神经外科学院，用正规化、系统化的培训，培养中国高水平的神经外科医师。

2004年春天，近80岁高龄的王忠诚马不停蹄，为创办神经外科学院四处奔走。事情办得很顺利，在卫生部和北京市委、市政府有关领导的大力支持下，王忠诚很快拿到了批件。

6月18日，王忠诚

王忠诚在规划中国神经外科发展蓝图

主持召开了北京神经外科学院成立大会,宣告中国第一所神经外科专科医师培训学院正式成立。

在成立大会上,王忠诚发表了热情洋溢的讲话。他在讲话中说:

"……我国的神经外科事业已经取得了举世瞩目的成就,某些领域已经达到国际领先水平。但是,我们还必须清醒地认识到,我国的神经外科在各省市、各地区的发展还很不均衡。相对于拥有13亿人口的大国来讲,我国神经外科医生所占的比例还相当低,能够在国际上进行高层次学术交流的专业人员更在少数,对许多疾病的诊治还达不到现代神经外科治疗标准的要求。直至今天,我国还没有建立起完善的专科医生培养和资格认证体系。

"北京神经外科学院的建立就是要参照国际神经外科医师培训规程,结合我国专业现状,整合神经外科专业资源,完善和规范神经外科专科人才的培养模式,制定出科学合理、切实可行的神经外科专科医师培训和评估标准,为国家培养一流的神经外科专业人才,为国家制定有关政策提供依据,为建立我国神经外科专科医师准入制度奠定基础。

"总之,北京神经外科学院肩负着对我国神经外科专业医师系统培养和继续教育的重任,任重而道远。但我们坚信:只要我们始终坚持科学发展观,以人为本,认真贯彻执行'科教兴国'和'人才强国'战略,加强神经外科人才的选拔和培养,朝着知识系统化、操作标准化、技术现代化的方向发展,与时俱进,开拓创新,就能铸成神经外科事业新的辉煌!"

卫生部科教司司长祁国明宣读了卫生部文件,明确了北京神经外科学院的职能使命。北京神经外科学院以首都医科大学附属北京天坛医院和北京市神经外科研究所为依托,集教学、临床、科研、人才培养为一体,参照国际神经外科医师培训规程,整合神经外科专业资源,完善和规范神经外科专科人才的培养模式,促进我国神经外科医学人才的选拔、培养与国际接轨;主要任务是培养一流的神经外科专业人才,同时作为卫生部开展专科医师培训和准入制度改革的试点。

会议确定了北京神经外科学院的领导班子,王忠诚担任首任院长,戴建平、高晓兰、赵继宗、吴中学等担任副院长;聘请国内13位著名的神经外科专家组成了专业学术委员会,负责制定培训标准,审核培训规模,评估培训质量,参与课程设置等;成立了质量控制与评估小组,负责对师资能力、学生质量和培训过程进行动态跟踪、量化评价,以保证培训质量。师资队伍由北京天坛医院和北京市神经外科研究所副高职以上的基础与临床工作人员组成,并聘用部分国内著名专家做兼职教授。

学院主要设置五年制和一年制两个层次的课程班。五年制的目标是培养合格的神经外科专业医师,培训对象主要是已经获得了执业医师证书的青年医生,在系统学习神经外科专业理论、相关学科知识和专业外语的同时,进行神经外科临床各种基本技能和显微外科操作系统培训;一年制的目标是为全国各地医院培养神经外科专科高级医师人才,培训对象为已经取得副高以上职称的神经外科医生,以学习和掌握神经外科的新进展、新理论和临床应用新技术为主,学员完成全部培训计划,并通过卫生部指定机构组织的考试后,颁发卫生部统一印制的神经外科专科或高级医师培训合格证书。

作为我国第一个以培养神经外科专业医师为目标的专业学术机构和正式培训基地,北京神经外科学院的建立,在我国神经外科人才培养史上,具有举足轻重的开创性意义。

至此,王忠诚的麾下已经有了3个国内顶尖的神经外科临床、科研和培训机构,其办公机构和职能使命有不同程度的重合。穿梭在这3个机构中,他觉得有些繁杂,不如删繁就简,把3个机构整合在一起。

2004年9月,在王忠诚的积极推动下,北京天坛医院神经外科、北京市神经外科研究所、北京神经外科学院3家联合组成了北京天坛医院神经外科中心。

于是,一个国内最大、世界一流的神经外科中心诞生了。中心设16个基础研究室,9个临床研究室,3个博士点,7个硕士点,1个博士后流动站,拥有床位400余张,针对神经外科疾患类别又细分为小儿、外伤、脊髓、脑干、胶质瘤、神外与耳鼻喉交界、癫痫等多个小组,规模在世界范围内名列前茅。3家机构整合后,强大的人才、技术及设备资源优势更加明显;临床、科研、教学的统一管理,让神经外科医师既可以从事神经外科尖端医学研究,又能够随时接触临床病人,进行临床实践,为培养复合型高级神经外科医师搭建了一个高水准的平台。

"这个中心的设置将有助于我国神经外科临床、科研、教学等方面和国际水平接轨。"王忠诚说。

中心成立后,王忠诚带领科研人员瞄准神经外科各专业的国际先进水平,把胶质瘤和中枢神经系统损伤的修复等世界神经外科领域公认的难题作为中心研究的主攻方向。他们结合影像学技术、神经生物学技术和微创手术技术等神经外科新技术,向这些世界难题发起了进攻。

他们采用当时国际先进的胶质瘤综合治疗方案,率先在国内开展了以神经分子病理为理论指导的脑胶质瘤治疗,包括神经分子病理诊断、脑皮质功能区术中电生理监测、神经显微外科手术切除肿瘤、个体化放射治疗、化学治疗、免疫治疗与基因治疗等,取得了显著的成果。

在中枢神经系统损伤代偿修复的机制和促进修复方法的研究中,他们首先开展了胚胎干细胞、施旺细胞和神经干细胞在神经系统损伤修复中作用的研究、骨髓基质干细胞在中枢神经系统损伤修复中的机制与方法的研究、颅脑损伤的基础与临床研究,而后又开展了脑内抗缺氧因子的提取对中枢神经系统损伤的功能保护的研究,还进行了促神经再生人工组织的构建研究和严重颅脑创伤救治技术的研究,探讨中枢神经系统损伤的机制和修复方法。

后来,转化医学在全球范围内引起了重视,他们又把研究方向聚焦到了转化医学上。针对神经系统疾病严重威胁人类健康并给国民经济造成沉重负担的现状,结合卫生部重大卫生公益性行业科研专项"脑血管病、中枢神经系统肿瘤综合防治技术的研发、转化与应用"项目,建立起一个具有国内高水平的医学转化型研究平台,以探索神经系统疾病从基础研究向医学临床应用转化的新模式。他们首先启动了针对脑血管病、中枢神经系统肿瘤的研究,将这些疾病的关键临床问题,以疾病的早诊早治、个性化治疗和微创诊疗技术应用及康复治疗为主线,组织多中心的合作攻关,通过综合防治技术的研发、转化与推广工作,规范脑血管病和中枢神经系统肿瘤的诊断和治疗,降低其发病率、致死率和致残率,提高患者的生存质量和生活质量,降低医疗费用。该项目从基础数据、预防干预、疾病诊断和疾病治疗四个方面展开研究,建立了卫生公益性行业科研专项监督、神经系统重大疾病服务和技术推广网络,建立了适当的卒中二级预防督促和宣教体系,规范并制定了胶质瘤、垂体瘤的分子病理诊断标准并指导临床治疗,形成了以三级专科医院为中心、社区卫生服务中心为示范基地的转化模式。

他们在神经影像方面的研究也取得了重要成果。他们在国际上首次提出脑梗死前期的概念,将急性脑梗死发生前的一段时间内局部血流量的变化以及病理、生理过程作为突破口,在动物实验和临床研究的基础上,提出了在脑梗死前期由于脑局部缺血造成星形细胞足板肿胀,致使脑局部微循环障碍的观点。这既丰富了急性脑梗死形成的理论,又从影像学上为临床提供了脑梗死前期的客观诊断依据。在国际上首次实现了正常人群颈总动脉血管壁切应力的分型研究,研究成果发表在国际权威杂志上;在国际上首次提出动脉轻度狭窄可能为有益的局部血流重构作用导致的观点,对颈动脉斑块的发生发展及脑血管病的进一步研究具有重要意义……

王忠诚打造的这个神经外科中心,取得了大量科研成果,产生了较大的影响,但他仍不满足,而是对中心提出了更多、更高的要求。他说:"未来神经外科的发展,主要有三大难题。第一是中枢神经的再生问题,第二是胶质瘤怎么根治的问题,第三是基因诊断、基因治疗的问题。这些都需要神经外科中心专家们的继续努力。"

然而,王忠诚打造的这个号称国内最好、国际一流的神经外科中心,定位却是北京天坛医院的一个分支机构,似乎比先前的北京神经外科研究所及神经外科学院还低了一级,这让人觉得有些匪夷所思。笔者认为,这个中心如果定位为国家神经外科中心,或者北京国际神经外科中心,对其发展可能更具拉动作用。当然,这不太符合王忠诚低调的性格。

很多熟悉王忠诚的人都知道,他为人很低调,生活很俭朴,虽然成功挽救了无数病患的生命,却从不收一个红包,甚至把所获的大奖奖金都捐给了国家,捐给了基金会,捐给了他热爱的神经外科事业。

第九章

忠诚之歌

王忠诚年满 80 周岁，进入耄耋之年。

2004 年 12 月 20 日，是王忠诚 80 寿辰的日子，"王忠诚院士从医 60 周年学术研讨会"在人民大会堂隆重举行。中共中央组织部原部长张全景、卫生部原副部长王陇德、原国家计委副主任房维中、北京市政府原副市长牛有成等领导以及全国神经学科领域知名专家共聚一堂，共同庆祝王忠诚 80 周岁华诞和从医 60 周年。

北京天坛医院院长戴建平主持会议，代表北京天坛医院、北京市神经外科研究所和北京神经外科学院，向莅临会议的领导和嘉宾表示了最热烈的欢迎和最衷心的感谢，并介绍了王忠诚院士 60 年来为发展中国神经外科事业做出的卓越贡献。参加会议的其他领导也纷纷发言，从不同角度介绍王忠诚院士的先进事迹。

王陇德代表卫生部对王忠诚院士从医60周年表示热烈祝贺。他说,王忠诚院士创造了一个又一个医学奇迹,不但为我国神经外科的建立和发展做出了卓越贡献,也推动了世界神经外科技术的发展。王忠诚院士不仅医术高超,而且医德高尚。他不为名利,处处为患者着想,始终把人民的健康和生命安危放在首位,在医德医风方面为全国医务工作者树立了榜样。希望通过专门的研讨,更好地发掘、学习和继承王忠诚院士带给我们的宝贵学术财富和精神财富,并在今后的工作中发扬光大。

牛有成在讲话中说,王忠诚院士的从医经历与中国神经外科事业的发展密不可分。在他身上,不仅体现了一个优秀医务工作者精湛的技术和渊博的知识,更体现了一名共产党员热爱党、热爱祖国、热爱人民的高尚情操。60年的从医经历和上万例的手术都证明,忠诚不仅是一种精神,也是一种境界,更应该是做人的准则。王忠诚院士不仅是医务界的学习楷模,更是全市党员干部的学习榜样。

曾经被王忠诚救治过的患者及家属来了,曾经聆听过王忠诚谆谆教诲的学生们来了,曾经接受过王忠诚鼎力帮助的兄弟医院负责人来了,曾经被王忠诚的事迹感动过的素不相识的人也来了……他们纷纷发言,感谢这位德高望重的老寿星。

看着眼前热烈的场面,王忠诚很激动。他感慨地说:"我是新中国成立后党培养的第一代神经外科医生。回想这半个多世纪,我所做的工作很少很少,党和人民给我的荣誉却很多很多……我的来日不多,唯一的愿望就是在有限的时间里,再为祖国、为人民、为神经外科事业多解决几个难题。"

为了纪念王忠诚从医 60 周年，天坛医院编辑出版了大型纪念画册《忠诚铸就辉煌》，北京市卫生局原局长金大鹏为画册做了序。他在序中写道："王忠诚院士从医 60 周年取得的辉煌成就，体现了我国医务工作者的精神风貌；王忠诚院士的卓越成就，代表了我国神经外科界的最高水平。在攀登世界医学高峰、赶超世界科技先进水平的拼搏中，他始终站在神经外科事业发展的最前沿，闯过了一个又一个医学禁区，创造了一个又一个世界第一。"

这本画册以大量的图片生动展示了王忠诚的成长历程，详细再现了他勇攀医学技术高峰的先进事迹，真实概括了他全心全意为人民服务的奉献精神，为广大医务工作者提供了难得的精神食粮，在读者中引起了强烈反响。

2005 年 6 月，首届"首都杰出人才奖"正式颁布，王忠诚和另外四人一起获此殊荣。

"首都杰出人才奖"是北京市委、市政府于 2003 年年底决定设立的，每两年评选一次，是北京市人才奖励的最高奖项。因为奖励金额高达每人每次 100 万元，受到社会的广泛关注，评奖过程也特别引人注目。评选活动于 2004 年 8 月开始启动，先是经过归口单位的推荐与个人自荐，其次是专家评审、组织考察、社会公示，最后由市委、市政府审定批准，历经大半年时间，才评出了五位获奖者。

6 月 7 日上午，首届"首都杰出人才奖"表彰大会在北京市市委第一会议室隆重召开。会上，市长王岐山宣读了市委、市政府的表彰决定，市委书记刘淇代表市委、市政府向受表彰的同志表示了热烈的祝贺。刘淇说，在重奖优秀人才后，北京市还要及时清理不利于人才发展的规定和做法,整合各类政策措施,发挥政策的集成效益,创新人才管理机制。王忠诚也在会上发言,他说:"我愿意在有限的时间里,再为人民多解决一些神经外科的难题,为神经外科培养更多的高级人才,特别是培养领军人才。"

2006年11月,在阿联酋迪拜召开的第八届亚大颅底神经外科学术会上,王忠诚获得了"领导促进颅底外科贡献奖",表彰他在中国神经外科的创立与发展中做出的巨大成就和为世界颅底神经外科做出的杰出贡献。

2008年年底,王忠诚荣获了2008年度国家最高科学技术奖。12月29日,国务院《关于2008年度国家科学技术奖励的决定》指出:"根据《国家科学技术奖励条例》的规定,经国家科学技术奖励评审委员会评审、国家科学技术奖励委员会审定和科技部审核,国务院批准并报请国家主席胡锦涛签署,授予王忠诚、徐光宪两位院士2008年度国家最高科学技术奖……"《决定》还号召全国科学技术工作者要向王忠诚、徐光宪两位院士学习,继续发扬团结协作、奋力攀登、求真务实、开拓创新、为国奉献的精神,坚持科技为经济社会发展服务、为人民服务,为建设创新型国家做出更大的贡献。

2009年1月9日上午,国务院在北京隆重举行国家科学技术奖励大会。在人民大会堂主席台中央,胡锦涛主席把大红的获奖证书颁发给王忠诚,并和他热情握手,表示祝贺。

站在领奖台上的王忠诚看上去神情淡然,却难掩内心的激动。代表获奖者发言时,他说:"我的成长经历也印证了这样一个道理,作为科技工作者,只有将个人的理想融入国家发展、民

胡锦涛主席与获得国家最高科学技术奖的王忠诚(右一)、徐光宪合影

族复兴的伟大事业中,才能在为人民服务、为社会尽责的过程中实现自己的科学追求和人生价值。以自己的知识和能力服务国家和人民,这是人生最美好的享受!"

获得国家最高科学技术奖后,王忠诚的名字有幸成为天上一颗行星的名字。2011年12月10日,国际小行星中心发布第77502号公报,将第18593号小行星永久命名为"王忠诚星"。

一个个荣誉,一次次辉煌,如果把王忠诚的一生看作一首歌,那晚年的收获无疑是最动听的音符。

作为一名医学科学家,王忠诚一生取得了66项科研成果,发表论文290余篇,出版专著20余部,带领中国神经外科从无到有,从小到大,直至步入国际先进行列;作为一名单位领导,他一手创建了北京天坛医院,重建了北京神经外科研究所,建成了世界著名的神经外科中心;作为一名教育工作者,他培养了 70 多名博士、硕士和 3000 多名神经外科医师；作为一名神经外科医生,他做过上万例开颅手术,有多个手术是"世界首例",解决了一系列神经外科领域公认的世界难题……

王忠诚是中国工程院院士,是世界华人神经外科协会主席、中国医师协会神经外科医师分会终身名誉会长,长期担任北京天坛医院院长、北京神经外科研究所所长、北京神经外科学院院长、北京天坛医院神经外科中心主任,还是《中华神经外科杂志》的主编。有人问他这些称谓里最喜欢哪一个,他的回答却是"医生"。

俗话说:"才不近仙者,不能为医。"王忠诚认为自己不聪明,"比别人反应都慢",为什么不仅当了医生,还成了公认的好医生呢?

答案只有一个——王忠诚始终把病人放在第一位。他说:"医生不是一个简单的职业,要想做好,必须把自己知道的东西无条件地全部用在病人身上。只要拿起手术刀,就要不停地去掉病人身上的痛苦,千万不能割断与人民的感情。"

一次,一位 60 多岁的山东农民找到王忠诚,请王忠诚给他儿子做手术。他的儿子得了脑肿瘤,当地医院的医生向他推荐了天坛医院,推荐了王忠诚,他便东拼西凑借了钱来到北京。老汉眼圈红红地说:"您不救他,孩子就没命了。"说着,从怀里掏出一沓钱,捧到王忠诚面前。

王忠诚握住了老汉的双手,轻轻地把钱推回到老汉的怀里。老汉急了,"扑通"一声跪在地上:"您不接这钱,俺就不起来。"看着老汉手里那沓皱皱巴巴的钱和焦急的眼神,他只好说:"好,钱我收下啦,您快快起来吧。"

手术持续了6个小时,王忠诚成功地切除了患者颅内的肿瘤。他走出手术室,找到了等在门口的老汉,安慰说:"手术很顺利,请放心吧。"说完,从衣兜里掏出那一沓钱,塞到了老汉手里。

老汉一把拽住王忠诚的胳膊,说:"您救了俺儿子的命,这1000块钱说啥也得收下!要不,俺一辈子心里都不安哪!"

王忠诚微笑着说:"老乡,我收了您的钱,您心安了,我可就亏心啦。"

一位来自辽宁抚顺矿务局的患儿在母亲的陪护下来北京看病,却没能挂上王忠诚的门诊号。患儿母亲在好心人的提醒下,来到研究所门口等王忠诚下班,想拦住王忠诚给看片子。

患儿母亲等了足足一个小时,终于看到王忠诚从研究所里走出来,于是赶紧跑上前说明了来意。随行人员上前阻拦,告诉她王院长晚上还要参加一个重要的会议,不能耽搁,并劝她明天挂号到门诊去看。

王忠诚停下来,接过了患儿母亲递过来的片子。反复阅片后,又耐心地询问病人的病情,解答患儿母亲的各种疑问。

一晃半小时过去了,患儿的母亲仍在不停地提问,随行人员又上前提示她长话短说。王忠诚不高兴了:"病人是我们的老师,作为一个医生,时刻不要忘记,我们的知识和本领是病人教出来的。当病人需要我们的时候,我们怎么能不耐烦呢?"

患儿母亲听到这话,含着感激的泪水向王忠诚致谢。

两个月后,这名患儿经过王忠诚的亲自手术,康复出院回了家。为了表达感激之情,患儿母亲通过抚顺矿务局转送王忠诚5000元表示感谢,被王忠诚婉言谢绝了。

一位来自马来西亚颅内肿瘤患者慕名来到天坛医院,找到王忠诚。他在国外四处求治,效果都不好,病情越来越重,听说王忠诚是世界上最好的神经外科医生,才辗转来到北京。

王忠诚热情接待了患者,细心地为患者做了各项检查,并亲自为患者做了手术。手术很成功,患者的颅内肿瘤被完全摘除,症状基本消失,很快就康复出院了。

临行前,患者双手捧着一个漂亮的锦盒,送到王忠诚面前,说:"感谢您的救命之恩,小小礼物不成敬意,请笑纳。"王忠诚打开一看,里面装有昂贵的首饰,便还给了患者,说:"医生救人是应尽的职责,您的心意我领了,这礼物说什么也不能收。"

来自山东青岛的患者王鲁明因左上、下肢轻瘫住进天坛医院,MRI片子显示脑桥多发出血性占位病变,必须做手术。王鲁明家属打听到王忠诚家的地址,便登门拜访。那天王忠诚不在家,王忠诚的爱人韩一方接待了她,并拒收了她带来的礼品。

王鲁明的家属看韩一方不收礼,便悄悄地把一个装了钱的信封扔在了王忠诚家的地上。

过了两天,韩一方打扫房间时,发现了这个信封和里面装的3000元钱。可是,信封上什么也没写,她弄不清是谁放在这里的。信封是某编辑部的专用信封,这是唯一的线索。王忠诚把信封和钱拿到病房,让医生们仔细询问住院病人中有无和编辑部有关系的,终于找到了王鲁明。王鲁明的一位朋友在这个编辑部工作,信封是那位朋友临时拿了给王鲁明的爱人用的。情况搞清楚了,王忠诚把信封和钱退还给了王鲁明。

最后，王忠诚亲自给王鲁明做了两次手术，顺利切除了脑桥内两个部位的海绵状血管瘤。术后，正赶上卫生局记者采访，王鲁明的爱人激动地说："王院长不仅医术精湛，治好了我丈夫的不治之症，而且医德高尚，想方设法退还了我们偷偷送的红包，真是一个天下难找的好医生呀！"

王忠诚说："手术刀是全心全意为患者服务的工具。如果借手术刀的权力来牟取私利，那就不配做一个医生。"多年来，经王忠诚亲手治好的病人成千上万，但不论是外商、港澳同胞、领导干部，还是平民百姓，他都一视同仁，既热情服务，又廉洁行医，带头抵制行业的不正之风。

"王老常说，医生要'德才兼备，德为先'。在他眼里，病人的生命高于一切。"天坛医院现任院长王晨介绍。王忠诚设计了一套独特的医德考核标准：手术该做到什么程度、该和病人怎样交流、该用什么样的药……细微之处都提炼出来。他给他的弟子们画了一条"红线"，医治的病人绝对不允许出现血肿、"二进宫"、感染等情况——因为这可能给病人造成无法弥补的伤害。

王忠诚的学生、天坛医院副院长张力伟至今仍忘不了老师对他的谆谆教诲："我们作为医生，最重要的就是给病人解决一些实际问题，让病人来到天坛医院之后得到最好的服务，把病人作为亲人一样对待。"2006年他接任副院长后，按照王忠诚的吩咐，和一名同事一起起草了天坛医院神经外科中心质量管理条例21条的初稿。王忠诚对该稿反复修改，又征求神经外科老专家的意见，最后形成了神经外科的"21条军规"。

王忠诚行医半个世纪，做了一万多例开颅手术，以过硬的技术拯救了无数生命垂危的患者，以高尚的医德赢得了广大患者的尊重和爱戴,被人民群众称赞为"好医生"。王忠诚最喜欢别人称他为"医生",因此,"好医生"应该是他最看重的"荣誉"。

年过八旬之后,王忠诚的身体状况越来越差,他开始更多地考虑自己的身后事,考虑未来神经外科事业如何发展的问题。

作为天坛医院的荣誉院长,他首先考虑的就是医院的发展。天坛医院作为全国乃至亚洲技术力量最强的神经外科医院,当时只有900多张床位,每天在院外等候住院的患者有六七百人,患者住院难、手术难的问题非常突出,应当扩大规模;医院周边服务设施缺乏,交通道路紧张,停车场地狭小,应该增加服务功能。于是,他开始利用各种机会呼吁扩建医院和研究所,最终得到了温家宝总理及北京市委、市政府有关领导的大力支持。但是,由于天坛医院位于天坛公园外坛内,而天坛公园作为"世界人类文化遗产",对周围建筑的高度有严格的限制,加之占地面积没有可以拓展的空间,很难在原址的基础上扩建。

几经周折,天坛医院的扩建问题终于有了一个可行的方案——整体迁建,该方案很快得到了有关部门的批准。之后,选址工作又花费了不少时间,最后于2009年7月选定了丰台花乡。2009年7月3日的《北京日报》进行了相关报道:

北京日报讯(记者刘欢) 7月2日,丰台区政府与天坛医院正式签订了合作意向书,这标志着三级甲等综合医院天坛医院迁址丰台终于确定。副市长丁向阳出席签字仪式并讲话。

本市投资 20 亿元新建的天坛医院位于丰台区花乡樊家村，毗邻万年花城等人口聚集区域，拟打造成大型现代化集医、教、研、防于一体的三级甲等综合医院。新院总建筑面积约 20 万平方米，是现在天坛医院建筑面积的 2 倍、占地面积的 4 倍，设置床位 1500 张，设置停车位 1500 个。为满足丰台区居民各方面的就医需求，天坛医院迁址丰台后，除了将继续发挥神经外科等特色学科的优势外，还将大力发展内、外、妇、儿等普通学科，发挥区域医疗中心的作用。

天坛医院新址已经敲定，工程建设的各项准备工作陆续展开，王忠诚一直密切关注着。2009 年 12 月 18 日上午，天坛医院召开"新院迁建工程项目建议书评审会"，王忠诚出席大会并发表讲话。

王忠诚在讲话中首先介绍了天坛医院几经迁移发展到今天的情况，希望专家考虑到今后医院发展的需要，不要让天坛医院再次迁移。他说："神经系统疾病的患者越来越多，希望新医院能建得宽松一些，不要太紧凑，要有前瞻性的规模，在今后 30 年、40 年不再变化，因为再建医院浪费很大，希望大家考虑。要继续建好神经外科学院，培养人才，目前我国缺乏神经外科医师的培训，我们要多、快、好、省地加强神经外科医师的培养。神经外科研究所 1960 年建立，解决了大量神经外科的难题，研究所也需要扩大。我们要科学发展，不断学习、交流国内外的先进经验。"

2011 年初，王忠诚应邀去乌鲁木齐会诊。在那里，他看到一个小患者得了脑瘤,在当地治病花了两三万元,却没能治愈。脑瘤是良性的,但压在脑干上,严重影响了呼吸功能,眼看就不行了。如果在北京,完全可以治愈,但患者的身体太虚弱,经不起长途旅行,只能眼睁睁地看着他停止呼吸。

这件事深深触动了王忠诚,他觉得,提高全国神经外科界的整体水平任重道远,必须尽快加强对神经外科医生的培养。一回到北京,他就提笔给温家宝总理写了一封信,建议在全国范围内加强神经外科医生的培养。总理很快做了批示,同意王忠诚的建议,还专门抽出时间看望了王忠诚。

2011年9月4日上午,温家宝总理在中国工程院副院长干勇的陪同下,来到了王忠诚家。寒暄过后,温家宝问起王忠诚有什么要求。

"总理,全国来天坛医院看病的人很多,但神经外科医生相对较少,我们应该大力培养神经外科专业医师。美国的人口只

温家宝总理与王忠诚亲切交谈

有3亿多,神经外科医生就有4000人;中国人口有13亿,但能达到较高水平的医生大约也是4000人。我们神经外科人才太少了,人才培养的速度太慢了。"

"是啊!我国的脑血管病发病率很高,我们的神经外科人才确实远远不够,需要加强培养力度。"

"北京神经外科研究所和神经外科学院在这方面做了大量努力,可规模还不够。如果能建立一个国家神经外科临床研究中心,集中进行科研和教学,那对人才的培养将大有好处。"

"王老,现在有地没有?"温家宝的询问让王忠诚有些意外。

"现在没有专门的地皮进行扩建,能不能协调有关部门想想办法?"

"您的要求我记住了。"温家宝当场表态。

在热烈的讨论中,时间过得很快,原定半个小时的会谈时间很快就过去了,干勇不得不提醒总理注意时间。第二次催促之后,谈话仍意犹未尽,但总理下一个时间段还有活动安排,不得不结束谈话。在叮嘱保重身体、请家人照顾好王老后,温家宝起身告辞,约定再一次相见。

温总理的来访时间虽然不长,却高效地解答了王忠诚最关心的问题,总理在此后批示有关部门抓紧落实。自此,建立一个国家神经外科临床研究中心,培养更多更好的神经外科医师,成为王忠诚的最大心愿。

可是,王忠诚的这个心愿最终成为一个"未了的心愿"。因为不久之后,他的身体状况每况愈下,住进了医院。

2012年2月,87岁的王忠诚院士病倒了,不得不住院治疗。

"我怎么成这样了,我还要工作呢。"王忠诚仰起脸,焦急地望着女儿王锐。他不想住院,不想离开工作岗位,直到住院的前一天,他还在司机的搀扶下去了办公室。

住院前,王忠诚拖着虚弱的病体,每天坚持上下班。定居外地的子女们好不容易回家一趟,想跟父亲好好团聚,他却总说"还有病人等着我",忙碌在工作岗位上。他浑身乏力,拄着拐杖一点点挪动都很吃力,但他还坚持去办公室,实在坚持不住了才住院治疗。

一下子由一个医生变成一个病人,不断地接受检查和治疗,王忠诚对这种角色转换很不适应。他不断地对女儿说:"我还有好几个病区没有看呢,还有一个会议要开……"

在女儿王锐眼中,父亲放不下的,唯有中国的神经外科事业。王锐说:"家里哪怕天塌下来,他都无动于衷,但神经外科只要有一点点事情,出一点点问题,他就非常着急。我母亲退休后,希望父亲能在家多待一些时间,多陪陪她,但父亲一直在拼命工作,直到住院为止……"

住院后,王忠诚非常着急,但他作为一名医生,知道自己应该积极地面对现实。他期望自己的病情能稍微改善一些,期望自己还能回去工作,便尽力配合各种治疗,争取早日出院。他说:"我还有重要的事没做完,还没给国家一个交代,怎么能就此躺下呢!"

有段时间,因为药物反应,王忠诚整晚整晚睡不踏实,经常说梦话——"还有8个病号,你去看看怎么样了……我还有很多材料没找,你帮我找找去……我今天下午是不是还有个会……"

他的梦话全是与工作有关的内容,说明他的潜意识里全是工作。

然而,王忠诚的愿望没能实现,他的病情越来越危重。

2012年的9月30日是传统节日中秋节,是每个家庭享受团聚的日子。王忠诚的学生、天坛医院副院长张力伟来到王忠诚身边,给恩师送来了月饼,陪伴老师一起过节。

下午4时,医学迹象表明,王忠诚的生命即将到达终点。家属和学生们决定每人对王忠诚说一句话,作为临终送别。

王忠诚看似无意识了,但事实上心里是清楚的,只要有人说一句话,心电图上的波纹就会跳动一次。"这是有意识的反应,直到波纹从曲线变为直线,他都一直很安详。"张力伟说。

16时08分,神经外科大家庭里这颗伟大的心脏停止了跳动,世界上唯一一位完成逾万例开颅手术的医生、被誉为"万颅之魂"的王忠诚院士永远地离开了。

2012年10月10日清晨,八宝山殡仪馆显得格外庄严肃穆。上午6时50分,王忠诚的灵车缓缓驶入,他的同事、亲友们在告别厅前夹道迎灵。大家手持菊花,神情肃穆,寄托对王忠诚院士无限的哀思和不舍。

八宝山殡仪馆大告别厅正门的两侧,悬挂着醒目的挽联:"诚敬行医六十载树一代大师风范,忠贞报国贯一生为万千医者楷模",准确地总结了院士"救死扶伤传道授业、襄军参政开科创院"的不平凡的一生,横幅"王忠诚院士永远活在我们心中"更是道出在场所有人的心声。

告别大厅里,墙上悬挂着王忠诚院士的遗像,中央安放着鲜花簇拥的王忠诚遗体,遗体上覆盖着鲜红的中国共产党党旗。厅内两侧,摆放着党和国家领导人敬献的花圈,摆放着北京市委、市政府和相关单位敬献的花圈。

上午8时开始,一辆辆大客车接连开进了八宝山殡仪馆大礼堂前的停车场,送别王忠诚院士的人从四面八方赶来。院士的亲属和家乡代表来了,生前友人、同事和学生们也来了,还有首都部分学校代表、社会各界代表,还有听到消息从全国各地赶来的患者和患者家属……在工作人员的指引下,送别的人排起了长队,手拿着鲜花,轻声谈论着院士生前的事迹。有的人说着说着,眼圈就红了起来,队伍中不时传出低低的抽泣声。有人戴起了墨镜,为的是挡住镜片后那一双红肿的眼睛。

9时整,告别仪式正式开始。中央和北京市相关部门领导陆续走进告别大厅,与王忠诚依依告别。前来的人们依次走进大厅,与他们心中的大师最后道别。

告别完从大礼堂走出的人们,很多都哭红了双眼。有人脚

王忠诚追悼会

步匆匆,埋首不语;有人频频回首,好似依依惜别。70岁的天坛医院退休医生祖瑞昌今天也来送别恩师,他怀里紧紧抱着一张自己与恩师的合影,不时摘下眼镜拭泪。为了来送老师最后一程,他特意自己制作了一个相框,选择了一张2006年两人的合影放大裱入相框,并在照片上部写上了一行字:"您是中国神经外科的一棵挺拔的胡杨树,千年不倒、不朽。"

这天,天坛医院的职工食堂门前挂起了横幅——"敬爱的王忠诚院士永远活在我们心中"。"天坛人"把这幅黑底反白的字幅挂在了人们每天都会经过的地方,用这种方式缅怀他们心中永远的名誉院长。食堂门前的草地上,矗立着三根旗杆,中间是一面国旗,在国旗两侧,分别是天坛医院和北京市神经外科研究所的旗帜,而左右两侧都降了半旗,以示对这位"开科创院"前辈的哀悼与追思。

10月17日,北京市卫生局隆重举行了"王忠诚院士永远活在我们心中"追思会,来自全国神经外科学界的专家、医生代表们纷纷发言,表达对王忠诚的哀悼和敬意。

王忠诚的学生、天坛医院副院长张力伟的一首追忆恩师的诗作感动全场。他在诗中写道:"您睡着了,睡得那样深沉,从此再也不会醒来。您安静地走了,似乎略显匆忙,甚至没有一句留言。送别的人们,不忍打扰您,怕惊扰您大脑中正在构筑的伟大思想。无声的哭泣,泪水形成了虚幻的镜像,折射出大师伟岸的身躯。模糊的视野中,目送大师走向天堂……"

天坛医院院长王晨用一首《追思》表达对王院士的哀思:"忠诚刚强不善狂,崇德尚行最爱伤。仁术修至殊荣归,育人报回杏林芳。暮老犹思发展计,病中嘱盼续辉煌。仰望星空英灵在,垂念神首谁堪当?"王晨说,王忠诚生前有三大心愿:一是建一所规模更大、以神经外科为特色的新医院;二是建立国家神经外科临床研究中心;三是办一所北京神经外科学院,专门培养神经外科医生,让一个医学毕业生在临床给病人做手术前,再经过专业的培训。

从美国赶回来的神经外科医生、王忠诚的儿子王劲说:"父亲临终前没有留下什么特别的遗嘱,如果他有遗愿的话,也一定是他自己写的条幅——发展神经外科事业,为中国再多培养一名年轻合格的神经外科医师。"

"如今,我们天坛医院新址已经选定了,可惜的是,王老没能看到它开工。"王晨说,"我们一定会在将来的新医院里注入'忠诚元素'。"

相信在不久的将来,随着规模更大、条件更好的天坛医院建成,国家神经外科临床研究中心及神经外科学院也会在后人们的努力下开工建设,我国神经外科事业一定会蓬勃发展,始终站在世界神经外科事业发展的最前沿。

后记

早在 2012 年《吴孟超传》出版时,我就产生了陆续写一写为中国医学发展做出巨大贡献的医学专家的想法。于是,我便把目光聚焦到了王忠诚身上。

王忠诚是继吴孟超之后第二个获得国家最高科学技术奖的医学专家,是中国神经外科事业的开拓者和创始人之一,他勇攀医学高峰,解决了一系列神经外科领域公认的世界难题,为中国乃至世界神经外科学都做出了巨大贡献。作为他的山东老乡,作为一名曾经的医学生和医学工作者,我决心要把王忠诚的故事写出来。

然而,真正开始着手写这本书时,却遇到了空前的困难。要想全面深入地采访,最好能征得王忠诚生前所在单位北京天坛医院和北京神经外科研究所的支持和配合。在好友刘艳亭的引见下,我也曾接触过医院相关部门的领导,查阅了王忠诚当年的一些学术论著和相关工作资料,但为了获得更加丰富,多角度、多层面的资料,我只得通过私人关系采访相关个人,走了不少弯路,耗费了很多时间和精力,当然还掏了一些腰包,但也收获了很多意外和感动。

辗转读到《王忠诚院士与中国神经外科》(人民卫生出版社1995年版)这本堪称巨著的作品,对我的创作是至关重要的。此书由宁夏医学院附属医院院长宋家仁教授主编,北京天坛医院的老领导马富春、戴建平、高晓兰担任副主编,许多著名神经外科专家参与了编写,权威翔实地记录了王忠诚的成长过程,有极高的参考价值。另外,还有高晓兰主编的《王忠诚故事集》,孙流旺、程晓燕编的《王忠诚院士》,王喆创作的《拯救灵魂栖地——王忠诚传》等,也给我的创作提供了大量的资料和丰富的营养,谨借本书出版的机会,深表敬意和感谢。

由于时间仓促,采访有限,很多资料不是第一手资料,本书的缺点和不足在所难免,甚至会有谬误,恳请大家批评指正。尤其要请王忠诚院士的亲友、学生、同事多提宝贵意见,以利再版时修订。我的电子邮箱是 biaojiu@126.com,静候批评。

刘标玖

2013年10月18日北京